AF465065

La Macédoine et les Macédoniens

ARTICLES de M. M.

[illegible]WENDEL, Député socialiste au Reichstag allemand,

[illegible]IZOFF, Ministre de Bulgarie à Berlin et

[illegible]N. TOMITCH, Inspecteur au Ministère Serbe de l'Instruction publique.

[illegible]

A PROPOS DE LA PUBLICATION DE LA PRÉSENTE BROCHURE

On a beaucoup écrit et discuté sur la question macédonienne, qui constitue l'un des problèmes politiques les plus importants. Les auteurs sont nombreux et de différentes nationalités. Cette question a été traitée par des écrivains autorisés, de même que par des touche-à-tout; elle a occupé les personnages compétents de même que les moins qualifiés; les écrits des auteurs gagés par les intéressés sont aussi répandus que ceux de savants de réputation mondiale qui ne visaient qu'à établir la vérité scientifique, sans égard pour les prétentions des différents peuples ou Etats. La question macédonienne a été traitée par des publicistes qui avaient séjourné dans le pays pour l'étudier de près, mais on a vu aussi des gens qui connaissaient à peine la position géographique de la Macédoine exposer leur opinion «scientifique» sur ce sujet.

C'est principalement au cours de la funeste et sanglante guerre actuelle que les écrits sur la question macédonienne ont commencé à se multiplier. Ils représentent un matériel abondant mais épars à travers les différentes revues, les ouvrages spéciaux, les brochures et les articles de journaux. Ainsi dispersé, ce matériel est inaccessible à une grande partie de notre public et du public étranger qui s'intéresse plus que jamais à la Macédoine, cette éternelle pomme de discorde entre nous et les Bulgares. C'est, en effet, à cause de la Macédoine que les Bulgares nous ont traîtreusement attaqué à deux reprises, en 1913 et en 1915.

Nous nous sommes rendu compte de la nécessité urgente et de l'avantage qu'il y avait à rassembler, dans un recueil, les principaux écrits sur la question macédonienne et de les présenter sous la forme d'une brochure, autant que possible brève, ordonnée et claire. Ce n'est qu'ainsi présentés que les faits qui peuvent contribuer à élucider cette question pourront constituer, aux yeux du monde entier, une preuve du bien-fondé des prétentions serbes sur la Macédoine et de l'arbitraire des prétentions et des théories bulgares. Une brochure courte, claire et documentée, sera accessible à tout le monde et la lecture en sera agréable à chacun, à quelque classe de la société que le lecteur appartienne et n'importe où qu'il se trouve.

La nécessité d'une pareille brochure s'est révélée principalement depuis qu'un Allemand, député bien connu et écrivain apprécié, M. Wendel, a démontré par des arguments péremptoires et s'appuyant sur des faits indiscutables, que la Macédoine n'est pas un pays bulgare et que les prétentions de nos adversaires sur elle sont illégitimes. La valeur des articles de M. Wendel est d'autant plus considérable qu'il jouit lui-même de la réputation d'un écrivain objectif et qu'en tant qu'Allemand et député allemand il s'est élevé contre les prétentions mal fondées et injustes des Bulgares, quoique ceux-ci soient, dans la guerre actuelle, les frères d'armes des Allemands et leurs principaux alliés.

La présente brochure contient des articles de M. Wendel, de feu Risoff, ministre de Bulgarie à Berlin et de M. Svet. Tomitch, inspecteur du Ministère serbe de l'Instruction publique.

En engageant la controverse avec M. Wendel, Risoff s'est laissé entraîner dans une tentative plutôt malheureuse de réfuter les preuves de son contradicteur et au lieu de remporter le succès escompté il a subi un tel échec, qu'on est fondé à croire qu'il s'en serait certainement abstenu s'il avait pu prévoir un pareil résultat pour lui et pour la thèse qu'il avait tenté de défendre.

J. T. M.

AUTOUR DE LA MACEDOINE[1]

PAR

HERMANN WENDEL
Député au Reichstag

La presse bulgare est exaspérée par l'attitude des socialdémocrates allemands dans la question macédonienne. Les représentants allemands à Stockholm se sont ralliés en général, en ce qui concerne la solution du problème balkanique, à la conception des socialistes autrichiens, qui ont en vue une entente entre la Serbie et la Bulgarie. Néanmoins, les annexionistes bulgares, de même que nos pangermanistes affamés de territoires, ne veulent pas entendre parler d'une entente pareille, bien au contraire. Leur but de guerre, clair et simple, est ainsi formulé: *Toute la Macédoine, une bonne partie de la région de Pomoravlié, la Dobroudja et, outre cela, encore un corridor le long du Danube, qui créerait une frontière commune entre la Bulgarie et l'Autriche-Hongrie.*

La socialdémocratie allemande ne peut pas adopter ces buts de guerre, sinon pour d'autres raisons, tout au moins parce qu'ils ne peuvent être réalisés que par *la violence.* La socialdémocratie allemande ne tend qu'à une paix basée sur des accords. Si les voeux bulgares étaient réalisés, la Serbie, comme un tronc dont les membres sont coupés, resterait impuissante, incapable de vivre, faible économiquement aussi bien que politiquement,

[1] Publié dans le «Vorwærts» du 2 juillet, ce premier article de M. Wendel était accompagné de la note suivante de la rédaction de ce journal: «Nous publions cet article comme un document pour la discussion du problème balkanique tant débattu.»

abandonnée à la charité amère de ses voisins. Un tel dépeçage et une telle humiliation de leur malheureux allié ne pourrait être permis par les Puissances de l'Entente, et avant tout par la Russie démocratique, que dans le cas où il ne leur resterait pas un souffle de vie. *La paix qui satisferait les voeux du nationalisme bulgare ne pourrait être écrite que par la pointe de l'épée victorieuse.* C'est ce qu'a constaté en souriant sournoisement le comte Reventlow lorsqu'il a opposé aux socialdémocrates allemands et à leur revendication d'une paix sans annexions, les socialistes bulgares et leur intention d'annexer la Macédoine.

*
* *

Divisés en général en deux courants complètement différents, en «larges» et en «étroits», les socialistes bulgares sont aussi divisés dans la question de la Macédoine. Les «étroits», dont les chefs sont Kirkoff et Blagoïeff, sont partisans d'une paix sans annexions et attendent la solution de la question balkanique d'une fédération des républiques balkaniques. Cette république fédérative balkanique vogue, pour le moment, dans un lointain nuageux: vouloir résoudre ainsi les questions actuelles, ressemble à vouloir consoler un homme affamé par des casseroles remplies de viande de l'Etat futur. Tandis que les «étroits» sont par trop théoriciens, les «larges» sont par trop pratiques. Ce groupe, conduit par Sakasoff et Sakaroff, a adopté, presque dans leur intégrité, les prétentions annexionistes des partis bourgeois bulgares en les défendant presque par les mêmes raisons.

En tant que ces raisons sont de nature historique, on peut les rejeter sans hésitation aucune. Car si, au moyen âge, la Macédoine a appartenu une fois au Grand Etat bulgare, elle a fait de même partie une fois d'un Grand État serbe. En outre, la grande Bulgarie et la grande Serbie du moyen âge ont, avec les États nationaux modernes, la même communauté qu'a le Saint-Empire romain de race germanique avec l'Allemagne d'aujourd'hui. Comme nous raillons les pangermanistes lorsqu'ils justifient leurs revendications sur la Belgique et sur la France septentrionale et occidentale par les frontières de l'Etat d'Othon Ier, de même, nous devons opposer aux Bulgares une fin de non-recevoir lorsque, dans la défense de leurs aspirations, ils en appellent aux frontières de Jean Assen II.

Les raisons ethnographiques sont plus importantes. Malheureusement, les hommes politiques de notre parti, dont très peu, — de même que dans les autres partis, — ont pu étudier en détail les questions balkaniques, sont obligés d'accepter plus ou moins, sans les soumettre à aucune critique, les arguments des partis intéressés. En outre, l'étude de la composition de la Macédoine au point de vue national, est encore dans les langes. Dans l'état chaotique du régime turc, cette terre classique des exploits de bandes n'a pas été très propice à des tournées scientifiques et à des études faites en toute tranquillité. Les statistiques ethnographiques et les tableaux de la population macédonienne, dressés par les Serbes, les Bulgares et les Grecs n'ont été qu'une littérature de propagande, sans base scientifique. Ils ont été employés dans les luttes des nationalités comme des armes, de même que le fusil Mauser et la bombe des comitadjis. Ils ne démontrent rien parce qu'ils veulent trop démontrer. Cette appréciation vaut aussi pour la carte: «*La Bulgarie dans la Peninsule Balkanique en 1912*», qu'ont publiée en 1915, dans les *Peterman's Mitteilungen*, cinq savants bulgares: Itchirkoff, Miletitch, Tzoneff, Ivanoff et Romanski. Il n'est pas sans intérêt d'entendre ce que dit de cette carte un savant allemand impartial, le docteur Otto Maull[1]:

«Sur cette carte, les Slaves de Macédoine ont complètement disparu; dans toute la Macédoine il n'y a nulle part de Serbes; en faisant exception de certaines enclaves turques, albanaises, grecques et valaques, tout le reste est devenu bulgare. Dans la Serbie orientale, les Serbes sont refoulés par les Bulgares au delà de la ligne

[1] Mitteilungen der geographischen Gesellschaft in München. Livre 10, Livraison 2, Décembre 1915.

importante du méridien qui s'étend de la vallée de la Morava jusqu'à Uskub, vers l'Occident. Il y a lieu de discuter ces nouvelles données, puisqu'elles touchent à des questions qu'il est très difficile de résoudre... Il est très dificile de trouver, même dans la littérature ethnographique du sud-est de l'Europe, un exemple analogue à ce que la coalition des ethnographes bulgares a fait, dans la lutte pour l'anéantissement, surtout contre les Grecs en Thrace. *La carte bulgare est l'expression exacte des rapports politiques actuels de l'alliance bulgare avec la Turquie* — les Turcs sont très bien partagés dans cette carte — *et de l'inimitié envers la Serbie et la Grèce...»*

C'est sur le terrain de cette carte *tendancieuse* que se sont placés les socialistes bulgares unifiés *lorsqu'ils ont proclamé bulgare toute la Macédoine.* Naturellement, de pareilles exagérations existent aussi dans le parti adverse: ainsi il existe une carte du professeur serbe Andonovitch, d'après laquelle les Serbes atteignent jusqu'aux portes de Salonique et, à l'Est, au delà de Sofia.

Ce ne sont pas seulement les savants qui sont aux prises dans la question de savoir si la population macédonienne est serbe ou bulgare: la population macédonienne elle-même n'est pas au clair dans cette question! C'est ainsi qu'est de plus en plus en honneur l'opinion exprimée il y a un quart de siècle, pour la première fois à notre cannaissance, par Theobald Fischer, et confirmée depuis par toute une série de savants. Cette opinion est la suivante: *La majorité de la population macédonienne n'est ni serbe ni bulgare, mais formée seulement de Slaves du sud Macédoniens sans une distinction plus ou moins marquée de sentiment national.* A la suite du régime turc séculaire, cette population a perdu sa conscience nationale d'autrefois, sans arriver, à cause de son manque d'instruction, à une nouvelle conscience nationale; elle lutte dans l'obscurité où se trouvent tous les peuples sans histoire, se dénommant, quand on l'interroge, aujourd'hui Serbe et demain Bulgare, sans être ni l'un ni l'autre et devenant l'un ou l'autre dès qu'elle a été atteinte par la propagande scolaire serbe ou bulgare; et dès qu'elle a appris à lire, elle a été incorporée au milieu culturel de l'un ou de l'autre peuple. Ces Slaves du sud sont donc un élément qui peut devenir serbe et bulgare. De par leur langue et leurs us et coutumes, ils peuvent se développer avec la même facilité dans le milieu serbe que dans le milieu bulgare. Si donc on venait à tracer dans la région macédonienne une nouvelle frontière, cette frontière ne représenterait pas une *violence* nationale, étant donné que les Slaves macédoniens qui appartiendront à la Bulgarie deviendront, en quelques dizaines d'années, d'aussi bons Bulgares que ceux qui appartiendront à la Serbie deviendront de bons Serbes.

Ce fait suppose la possibilité d'une entente entre la Bulgarie et la Serbie; le plan du partage du butin que les Etats balkaniques avaient adopté en 1912 peut être pris comme point de départ d'une pareille entente. Car, dans ce cas, la Serbie déboucherait sur la mer par l'Albanie du Nord, près de Scutari, ou, pour mieux dire, près de St-Jean di Medua, étant donné que le passage du Drin à travers les montagnes Dinariques présente une issue naturelle à la mer par des régions serbes au nord de la Macédoine. La plaine fertile au nord de Monastir pourrait être cédée, comme il a été prévu en 1912, à la Bulgarie, tandis que la Serbie maintiendrait en sa possession Kossovo-Polié avec Skoplié (Uskub).

Cette base, esquissée dans ses grandes lignes, d'une paix fondée sur l'entente, pourrait recevoir l'approbation de tous les socialistes, s'ils veulent ne pas faire oeuvre inutile et s'ils veulent réaliser une oeuvre pratique pour la paix mondiale. Car, de même que la république balkanique fédérative comme condition de paix, proposée par les socialistes doctrinaires, ne représente, pour le moment, qu'un rêve et qu'un but qui vogue dans des hauteurs nuageuses, de même la paix bulgare réclamée par les socialistes unifiés, ne pourrait se faire qu'après de nouveaux sacrifices énormes en sang et en biens, sans pour cela arriver en fin de compte à boucher aucun cratère actif de la péninsule des Balkans.

PRO MACEDONIA

DÉPONSE DE D. RIZOFF
Ministre de Bulgarie à Berlin

Dans son numéro du 2 courant, le «Vorwärts» a publié sous le titre: «Autour de la Macédoine» un article de M. Hermann Wendel qui appelle une réponse, d'autant plus qu'un écrit sembable du même auteur, réimprimé plus tard dans l'«Arbeiter Zeitung,» de Vienne, avait paru dans la revue hebdomadaire «Die Glocke» — écrit qui a provoqué en Bulgarie un mécontentement général. Je prie en conséquence la rédaction, au nom de la vérité objective, d'accueillir favorablement cette réponse de ma part.

Pour des raisons faciles à comprendre, je laisserai de côté la question épineuse des «buts de guerre» de la Bulgarie; j'agirai de même en ce qui concerne les droits historiques des Bulgares sur la Macédoine. Je ferai même davantage: je n'invoquerai ni les cartes ethnographiques bulgares, ni les statistiques bulgares.

Les Slaves de la Macédoine sont-ils des Serbes ou des Bulgares?

C'est la question que M. Wendel traite particulièrement dans son écrit, en tendant à fournir des preuves qu'ils ne sont ni Serbes ni Bulgares, dans le but de renforcer ainsi sa thèse favorite, qui est que les Macédoniens peuvent aussi bien appartenir aux Serbes qu' aux Bulgares.

Je regrette d'être obligé de dire que poser cette question et la résoudre de la façon de M. Wendel, ne peut être le fait que de quelqu'un qui n'a jamais pénétré dans l'histoire de la Macédoine des soixante-dix dernières années; de quelqu'un qui n'a jamais rien lu de la littérature moderne sur la Macédoine, qui n'a jamais jeté un coup d'oeil sur une carte ethnographique de la Macédoine, autre que les cartes serbes ou bulgares récentes. Si M. Wendel avait fait tout cela, il n'aurait pu, en homme intelligent et honnête, écrire tout ce qu'il a écrit sur la Macédoine.

M. Wendel est victime d'une erreur lorsqu'il peut affirmer que les soi-disant «Slaves Macédoniens» ne sont ni Serbes ni Bulgares. J'exposerai ici brièvement les faits les plus connus, qui ne laissent aucun doute que la nationalité bulgare des «Slaves Macédoniens» est prouvée et reconnue depuis des siècles. Et ce qui ne laissera pas de surprendre M. Wendel, c'est le fait paradoxal que ce sont justement les Serbes qui furent les premiers à reconnaître le caractère bulgare des «Slaves Macédoniens».

En voici des preuves:

Commençons par le fait historique que les rois serbes, pendant le court règne serbe en Macédoine, portaient le titre de «Roi des Serbes et des Bulgares». Cela prouve manifestement que les rois serbes eux-mêmes considéraient leurs sujets macédoniens comme Bulgares.

Sur la demande de l'amiral russe, le prince Orlov, le dernier patriarche serbe d'Ipek, Wassili Brkitch, a composé en 1771, une «Description des provinces turques». Entre autres choses intéressantes, il y dit: «...Les Bulgares étant plus nombreux que les Turcs dans toute la Macédoine, ces derniers parlent, outre le turc, le bulgare.»

Après Brkitch, ce fut Vouk Karadjitch (1787 à 1864), le créateur de la langue littéraire et de l'orthographe serbes, excellent ethnographe, philologue et historien serbe, qui confirma la nationalité bulgare des Slaves Macédoniens et même des habitants de la vallée du Timok, en Serbie.

Plus tard, l'historien serbe Dimitrié Davidovitch a exposé dans son histoire serbe et sa carte ethnographique, publiées en 1848, que la Macédoine n'est pas habitée par des Serbes.

D'après la carte linguistique publiée en 1853 par le professeur serbe Dejarden, la Macédoine se trouve également «en dehors de la Serbie et des pays dans lesquels la langue serbe est parlée.»

Enfin, le prince régnant de Serbie, Mihaïlo Obrénovitch, et son gouvernement eux-mêmes, entamèrent, en 1866, des négociations avec «le Comité révolutionnaire bulgare, à Bucarest», à l'effet de fonder un royaume yougoslave qui se composerait de la principauté de Serbie et de la principauté de Bulgarie (laquelle embrasse la Bulgarie du nord, la Thrace et la Macédoine).

Outre les Serbes, il y a toute une pléiade de savants des peuples civilisés de l'Europe qui, en étudiant les pays et les peuples, ont voyagé en Turquie et y ont vécu. Ils ont presque unanimement établi ce fait, incontestable, que la majorité chrétienne de la Macédoine est d'origine bulgare. Tous ces savants ont écrit leurs ouvrages entre 1840 et 1877, par conséquent à une époque où l'Etat bulgare n'existait pas encore, qui eût pu les influencer ou les amener, avec de l'argent, à adhérer à son point de vue. Ils sont des autorités chacun dans son domaine propre et le nom de presque tous se trouve dans les dictionnaires encyclopédiques. Je prends la liberté de citer les plus célèbres d' entre eux: Français: Pougueville, Consinéry, Ami Boué, Lejean et Elysée Reclus; Allemands: Griesebach, Kiepert et le professeur Weigand; Autrichiens: von Hahn et Karl Sax; Anglais: Tozer, Mackenzie, Irby et Brailford; Tchèques: Safarik, Erben, le professeur Dr. K. Jirecek et le professeur Niederlé; Russes: Grigorovitch, Hilferding, Makuchev, Mirkovitch, Teplov, Bachmakov, professeur Kondakov, professeur Derjavine et le professeur P. Milioukov. M. Wendel peut trouver la plupart de leurs ouvrages à la Bibliothèque Royale de Berlin (Unter den Linden, 38); je me mets à sa disposition pour lui procurer les autres. Du reste, vers la fin de ce mois, paraîtra ici un atlas avec quarante documents historico-ethnographiques et politiques sur le peuple bulgare, pour la plupart la reproduction des cartes des savants précités. M. Wendel pourra feuilleter cet atlas pour se rendre compte à quel point il a été induit en erreur en ce qui concerne la nationalité des Slaves de la Macédoine.

Outre par les déclarations impartiales et désintéressées d'hommes aussi considérés, la nationalité bulgare des soi-disant «Slaves de la Macédoine» est prouvée par des faits qui sont absolument convaincants d'une autre façon.

En première ligne, le fait historique: l'alphabet slave «cyrillique» a été composé par deux apôtres bulgaro-macédoniens, Cyrille et Méthode, dont le peuple bulgare célèbre le souvenir comme saints et civilisateurs. Les frères Cyrille et Méthode ont converti au christianisme les Bulgares et d'autres Slaves. Tous leurs disciples qui ont créé aux IXme et Xme siècles l'ancienne littérature bulgare, furent des Bulgares, et la majorité d'entre eux furent des Bulgares de la Macédoine.

Lorsque, en 1018, l'empereur de Byzance Basile II soumit la Bulgarie, il reconnut l'indépendance de l'Eglise bulgare nationale. Le siège de l'Eglise bulgare se trouvait à Ochrida (Macédoine occidentale), et presque toute la Macédoine, une grande partie de l'Albanie, la Bulgarie et même la Serbie relevaient d'elle. Fondé en 1020 le patriarcat bulgare d'Ochrida a existé jusqu'en 1767, année en laquelle les machinations du Patriarcat de Constantinople le firent supprimer. Depuis cette époque et jusqu'à la création de l'Exarchat bulgare, les métropolites grecs, dans presque toute la Macédoine, portèrent des titres qui montrent qu'ils furent en même temps des métropolites bulgares.

A l'époque moderne, la résurrection du peuple bulgare a commencé en Macédoine et sous l'influence des Bulgares de la Macédoine. C'est ainsi que le premier livre bulgare: «L'Histoire du peuple bulgare» — par lequel cette résurrection fut marquée, — fut écrit en 1762 dans le monastère Hilendar (au Mont Athos, en Macédoine) par le moine bulgaro-macédonien Païssié. Et au début du XIXme siècle ce furent encore les Bulgares de la Macédoine qui composèrent les livres bulgares les plus anciens de l'époque nouvelle. Un Bulgare de la Macédoine a fondé, à Salonique, en 1840, la première imprimerie bulgare.

Au début de la seconde moitié du XIXme siècle, tout le peuple bulgare entreprit la lutte pour sa délivrance du joug du Patriarcat grec de Constantinople et pour la création d'écoles nationales bulgares. Les Bulgares de la Macédoine ont participé fraternellement à cette lutte, qu'ils menèrent avec plus d'acharnement encore que leurs frères de la Bulgarie et de la Thrace. Les Bulgares de la Thrace qui habitaient temporaraire-ment Constantinople, constituaiènt la majorité des manifestants à la Sublime Porte contre le Patriarcat grec. Cette lutte longue et opiniâtre se termina victorieusement en 1870, par la création de l'Exarchat bulgare. A la Constituante de l'Exarchat, presque toute la Macédoine fut représentée par des députés spéciaux; parmi les métropolites bulgares de cette époque, près de la moitié étaient des Macédoniens. Curieux est le fait que la Serbie officielle a aidé à la création de l'Exarchat bulgare, dont l'autorité s'étendait également sur la Macédoine, alors que dans le même temps elle travaillait à ce que la Bosnie et l'Herzégovine restassent sous la juridiction du Patriarcat grec.

Mais ce qui, dans ce débat, est d'une importance décisive, et est certainement ignoré de M. Wendel, c'est le fait suivant: la question des nationalités en Macédoine a été résolue par un plébiscite. Oui, par un plébiscite, par un vote véritable, officiel et rigoureux du peuple auquel le gouvernement turc fit procéder, sous le contrôle grec, entre 1870 et 1876 — par conséquent avant la création de l'Etat bulgare. Ce plébiscite eut lieu en application de l'article 10 du firman impérial par lequel l'Exarchat bulgare fut institué.

Dans la première partie de cet article, sont énumérés tous les diocèses bulgares qui avaient le droit d'avoir leur métropolite bulgare; dans la seconde partie du même article il est constaté que le droit à un métropolite bulgare appartenait également à tous les autres diocèses, s'il était établi par le vote du peuple que les deux tiers de la population chrétienne le demandaient. Et à la suite d'un tel vote du peuple, presque toute la Macédoine obtint le droit aux métropolites bulgares. J'attire l'attention de M. Wendel sur le fait très suggestif que ce plébiscite n'a pas seulement affirmé la majorité bulgare des «Slaves Macédoniens», mais qu'il a permis de constater que les deux tiers de la population chrétienne totale de la Macédoine sont bulgares. Les «Slaves Macédoniens« sont — ils Serbes ou Bulgares?

a demandé M. Wendel. Peut-on trouver une preuve plus forte qu'ils sont Bulgares?...

Se basant sur toutes ces preuves et sur tous ces faits, la «Conférence Européenne» tenue à Constantinople en 1876, et à laquelle prirent part toutes les grandes Puissances, a reconnu la presque totalité de la Macédoine comme une partie de la Bulgarie autonome. La ville et tout le département de Nich, avec les villes de Pirot et de Vragnié, s'y rattachaient. Lorsque, en 1878, la guerre russo-turque prit fin, dans le traité de paix conclu entre la Russie et la Turquie, la Grande Russie, la protectrice actuelle de la Serbie, reconut toute la Macédoine, à l'exception de Salonique, comme pays bulgare. En dépit de tout cela, la Serbie a pris part à la guerre actuelle comme alliée de la Russie, ce qui signifie qu'elle aurait émis autrefois des prétentions sur la Macédoine, si elle eût été sûre que ce pays fût habité par des «Slaves Macédoniens» et non par des Bulgares authentiques.

Est-il besoin d'autres preuves? Il suffira peut-être que je mentionne ici encore deux ou trois faits importants qui réduisent à néant l'affirmation de M. Wendel.

De même que leurs frères de Bulgarie, les Macédoniens bulgares ont commencé en 1894 à combattre, par la parole et les actes, pour l'indépendance de la Macédoine, qui aurait pu servir de trait d'union aux Etats balkaniques; cette indépendance eût préparé l'alliance balkanique, à laquelle aspirent si ardemment les socialistes. Cependant, les Serbes se révélèrent les pires ennemis d'une telle autonomie. Pourquoi? Parce qu'ils sont convaincus que les Bulgares forment la grande majorité de la population de la Macédoine et que cette majorité ferait de la Macédoine autonome une province de type bulgare qui se réunirait plus tard à la Bulgarie, ainsi que le fit la Bulgarie orientale (la Roumélie Orientale) en 1885. Ce fait n'établit-il pas d'une manière évidente que les «Slaves Macédoniens» sont Bulgares?

Et la révolution des Bulgares Macédoniens, en 1903, dans le département de Bitolj (Monastir), dans laquelle plus de 5.000 révolutionnaires périrent et plus de 200 villages furent incendiés, que prouve-t-elle?

Et le traité d'alliance serbo-bulgare du 13 mars 1912, par lequel la Serbie a reconnu toute la Macédoine à la sphère bulgare, n'en exceptant qu'une partie au nord, marquée comme contestable et dont le rattachement à l'un ou l'autre pays était laissé à la décision de la Russie, choisie pour arbitre? Peut-on après ce traité, affirmer que les «Slaves Macédoniens» ne sont pas Bulgares?

Ce n'est pas encore tout.

Les Grecs qui, au cours des siècles, émirent des prétentions sur la Macédoine, n'ont jamais, eux non plus, reconnu l'existence des Serbes dans ce pays. Au contraire, ils ont toujours soutenu le point de vue que la Macédoine est habitée en majorité par des Grecs qui parlent bulgare, — par des Hellènes bulgarophones.

En réalité, c'est après la guerre sorbo-bulgare de 1885, que les «Serbes» commencèrent à apparaître en Macédoine. C'étaient de ces Bulgares qui reconnaissaient encore la juridiction du Patriarcat grec. Ces gens, bien entendu, se récrutaient parmi les éléments les plus douteux; ils recevaient des consuls serbes à Uskub, Monastir et Salonique, des appointements mensuels pour se déclarer Serbes. Les cadres de ces Serbes de nouvelle création, furent constitués par des Serbes venant du Royaume de Serbie et de la Vieille-Serbie (Kossovo Polié et Novi Bazar). Le gouvernement du sultan Hamid, qui craignait les Bulgares Macédoniens et voulait les affaiblir, accordait à ces Serbes son entière protection. Pour des raisons analogues, ils furent soutenus également par les Grecs. C'est ainsi que se formèrent les «Colonies serbes» en Macédoine. Lorsque tout cela fit organisé apparut l'idéologue de la politique vieille-serbe, le professeur Cviic, avec sa théorie des «Slaves Macédoniens», théorie que défend M. Wendel avec un zèle digne d'une meilleure cause.

LES SLAVES MACÉDONIENS

DEUXIÈME ARTICLE de M. WENDEL

A la suite de mes articles sur la question macédonienne, une véritable tempête d'indignation a éclaté dans la forêt des journaux bulgares; quelques journaux de Sofia ont pris une attitude aussi passionnée que si j'avais proposé le partage de la Bulgarie entre la Serbie, la Roumanie et la Grèce. A la vérité, je n'ai affirmé qu'un fait, à savoir que les socialistes doivent formuler dans les Balkans aussi leurs désirs d'une paix d'entente, que les aspirations bulgares sur toute la Macédoine et sur la vallée de la Morava ne peuvent être réalisées que par une paix de violence, et que, cependant, on pourrait arriver facilement à un accord entre la Bulgarie et la Serbie, en ce qui concerne la Macédoine contestée, étant donné que par leur manque de sentiments nationaux nettement définis les Macédoniens ne seraient pas subjugués. Voilà pourquoi les Bulgares lancent des éclairs et des tonnerres. Le ministre bulgare à Berlin lui-même, D. Rizoff, est entré à son tour en lutte contre moi et tout semble indiquer qu'il croit m'avoir écrasé par ses écrits publiés dans le «Vorwärts».

Pourtant, hélas, je suis encore vivant. Car ce que Rizoff a pu dire contre moi, n'apporte rien de nouveau ni d'étonnant (quoique dans son article, Rizoff exprime triomphalement qu'il pense le contraire). Ce que Rizoff a exposé, ce sont les raisons fanées et usées de la propagande bulgare, par-dessus lesquelles tout homme bien au courant de la question passe avec un sourire de compassion. Pour dissiper en même temps et immédiatement une erreur de Rizoff, je veux constater: que j'ai été en Macédoine et plus d'une fois, que je connais l'histoire de ce pays et la littérature qui s'y rapporte et que je sais en outre siffisamment les langues yougoslaves. Bien que Rizoff ne veuille plus me considérer comme un homme intelligent et honnête — ce qui me semble résulter de ses proppres paroles? — je pourrai du moins me consoler par la conviction que ma cause est meilleure que la sienne.

Car Rizoff ne se montre pas très fort lorsqu'il se livre à des jeux puérils comme le suivant:

Le fait historique que les rois serbes, pendant le règne serbe en Macédoine, ont porté le titre de roi des Serbes et des Bulgares, il l'emploie comme preuve que les rois serbes eux-mêmes ont considéré leurs sujets macédoniens comme Bulgares. Rizoff sait probablement lui-même que lorsque Stéphane Douchane a ceint, en 1346, à Uskub, la couronne de tsar des Serbes, des Grecs et des Bulgares, il tenait dans ses mains non seulement la Macédoine, mais aussi de grandes parties de la Bulgarie actuelle.

D'ailleurs, ces choses sont secondaires et de peu d'importance, d'autant plus que des preuves tirées du moyen âge ne peuvent en aucune façon exercer une action dans la cause de l'Etat du XXme siècle. Malheureusement, les raisons que Rizoff puise dans l'histoire moderne, ne sont pas de nature à nous convaincre davantage. Il est vrai qu'un profane peut être consterné lorsque le représentant officiel des intérêts bulgares en Allemagne lui déverse en abondance plus de vingt noms autorisés d'auteurs qui se sont soi-disant exprimé en faveur du caractère incontestablement bulgare de la Macédoine. Il convient de dire que cette affirmation n'est pas en complète harmonie avec un grand nombre des noms cités. Ainsi Safarik a reconnu qu'en Macédoine on parle un dialecte tout à fait différent de celui de la Bulgarie danubienne. Diederlé a constaté que la langue des Slaves Macédoniens représente un dialecte moyen entre la langue serbe et la véritable langue bulgare. Kondakov a même prouvé que tous les monuments culturaux slaves de la Macédoine, sauf une exception minime, sont d'origine serbe. Mais dans le cas même où l'on voudrait reconnaître à Rizoff la valeur de tous les noms qu'il cite, il affaiblit lui-même radicalement la portée des témoignages de ces auteurs en avouant que le plus récent de leurs ouvrages date de 1877. C'était en 1877 et nous sommes aujourd'hui en 1917. Il y a quarante, cinquante, soixante ans, les Balkans et particulièrement la partie turque des Balkans, étaient géographiquement et surtout ethnographiquement un pays inconnu, et rien de ce qui a été mis alors sur le papier ou sur les cartes au sujet du bulgarisme ou du serbisme de la population macédonienne — cependant, déjà à cette époque des résultats ont été obtenus par des explorateurs impartiaux — ne peut tenir devant la critique des nouvelles études.

La grande idée du progrès a ouvert la voie même dans le domaine ethnographique et linguistique. Tandis que Baudoin de Courtenay, dans son «Précis sur les langues slaves», a défendu encore en 1884, l'opinion qu'entre les Polonais et les Russes, les Serbes et les Bulgares, les Polonais et les Slovaques, les Polonais et les Tchèques, il n'y a pas de dialecte de transition, le célèbre slavisant Jagić a prouvé vers 1890 que de pareils dialectes transitoires existent en établissant avant tout que tous les dialectes yougoslaves de l'Istrie au Pontus, représentent une chaîne unique composée de parties qui s'agencent les unes aux autres. Ainsi, dit-il le dialecte macédonien représente la transition de la langue serbo-croate à la langue bulgare.

Cette découverte a servi de base aux découvertes postérieures, qui aboutissent au résultat suivant: Aujourd'hui, on considère, en général, les Macédoniens comme les couches populaires slaves qui, arrêtées dans leur développement à la suite du servage séculaire sous les Turcs sont en retard d'un très grand nombre d'années sur les Bulgares et sur les Serbes, soit dans leur conscience nationale, soit dans leur développement linguistique, et qui peuvent être incorporés à l'un ou à l'autre de ces deux milieux culturaux apparentés pour se coordonner alors facilement soit aux Bulgares soit aux Serbes. Voici, à l'appui de cette thèse, quelques preuves fournies par des explorateurs impartiaux, non pas entre 1840 et 1877, mais à une époque plus rapprochée. Tandis que l'Autrichien Hron, déjà en 1890, ne voulait plus croire au caractère purement serbe ou purement bulgare des Macédoniens, son compatriote Sax déclare que le dénombrement précis des Serbes en Macédoine est d'autant moins possible qu'il y a des Macédoniens slaves dont la différence ethnique est douteuse (1908).

Clumecky, Autrichien comme les deux premiers, a écrit en 1907:

«Les éléments slaves de Macédoine, ont depuis longtemps déjà perdu *le caractère défini bulgare ou le caractère spécifique serbe.* La race et la langue ont été influencées au cours des siècles, de sorte que les Macédoniens sont devenus un mélange de peuples insuffisamment serbes, mais que les Bulgares ne pourraient réclamer pour eux et, d'un autre côté, pas assez Bulgares pour qu'ils ne pussent au besoin être considérés comme Serbes.»

L'Allemand Kanitz, parlant des nombreux Serbes chrétiens qui se trouvent sur le territoire entre Prilep et le lac d'Ochrida, dit:

«Parce qu'ils sont très mélangés avec les Bulgares et qu'on les considère eux-aussi comme tels, et aussi parce qu'ils parlent un idiome mixte bulgaro-serbe qui n'a pas encore été analysé avec assez d'impartialité, ces Serbes chrétiens sont réclamés par les Bulgares et par les Serbes» (1914).

Le célèbre byzantologue allemand — un expert des Balkans — Heinrich Geltzer, s'exprime ainsi:

«Le spectacle des violentes controverses entre les savants slaves sur la question de savoir si certains cantons de la Macédoine orientale sont serbes ou bulgares, produit une impression irrésistiblement comique. *La population elle-même n'est pas à même de répondre à cette question.* Il n'y a surtout pas accord en ce qui concerne le sandjak occidental du vilayet de Monastir. Ceux même qui connaissent bien le pays discutent la question de savoir si les Slaves chrétiens de cette région appartiennent à la nation bulgare ou à la nation serbe» (1900).

Barbulescu, professeur de philologie slave à l'Université de Jassy, démontre que:

«Les Serbes ont autant de raisons d'affirmer que la langue macédonienne est une langues serbe que les Bulgares de le nier» (1912).

Enfin, l'auteur russe Alexandre Amphiteatrov dit, au sujet des Macédoniens ce qui suit:

«Ce ne sont *ni des Serbes ni des Bulgares*, mais un peuple slave autochtone qui parle un langage simple ayant ses propres racines et qui possède ainsi toutes les conditions pour s'adapter à une langue plus développée capable d'exercer l'influence que la civilisation slave lui aura imposée. Les Macédoniens sont Bulgares dans les régions où il y a des écoles et des églises bulgares; ils sont Serbes dans les régions où l'instruction se trouve dans les mains des Serbes. Ils pourraient de même, sous l'influence des éléments éducateurs religieux et économiques, devenir des Petits-Russiens, des Grands-Russiens ou des Polonais. Leur langue est un métal vierge qui acquerra facilement la forme du moule dans lequel on le coulera. Néanmoins le moule doit être fait d'un métal analogue» (1912).

Pourquoi Rizoff passe-t-il obstinément sous silence tous les linguistes et ethnologues qui se sont occupés de la question macédonienne après 1877? Pourquoi lui est-il impossible de citer ne fût-ce qu'un seul savant impartial que l'on pût prendre au sérieux et qui pourrait servir efficacement à prouver le caractère purement bulgare de la Macédoine?

Rizoff a laissé partir de son arc encore une autre flèche, et il est naturel que cette flèche se soit retournée contre l'archer lui-même. La question de la nationalité des Bulgares en Macédoine a été réglée par le plébiscite. Cette affirmation rappelle très gentimant le droit des peuples à disposer d'eux-mêmes, seulement ceci aussi a plus d'un tranchant. Lorsque les Turcs, venant d'Asie, eurent pénétré en Europe et subjugué la péninsule balkanique, leurs autocrates conclurent avec les autocrates de l'église grecque un accord tacite pour asservir et exploiter les raïas slaves. Durant des siècles, les Slaves balkaniques ont été écorchés et tondus soit par les collaborateurs spirituels du Patriarche oecuménique, soit par les collaborateurs temporels du Padichah. La population slave pressurée et subjuguée, a chargé de toute sa haine en même temps les pachas et les popes orthodoxes, dont la conduite a manqué d'autant plus de retenue, qu'au XVIII me siècle ont disparu les derniers vestiges de l'indépendance ecclésiastique bulgare et serbe. Au fond, le mouvement bulgare du milieu du XIX me siècle pour l'obtention d'une église propre, a eu le même sens que l'insurrection serbe du commencement de ce siècle, celui d'un mouvement contre l'exploitation par des maîtres étrangers, exploitation devenue insupportable; seulement l'insurrection a été dirigée contre le Sultan, tandis que le dernier mouvement a été dirigé contre le Patriarche oecuménique. Grâce au tsarisme russe, qui a voulu faire des Bulgares un corps de garde dévoué dans les Balkans, les Bulgares sont arrivés au but et l'Exarchat bulgare a été créé en 1870, par un firman du Sultan. Est-il étonnant, dès lors, que pendant le «vote national» qui a suivi la création de l'Exarchat, tous les Slaves, qu'ils se soient sentis Bulgares ou non — exploités et opprimés par la clique phanariote, — se soient déclarés pour l'Exarchat? Des milliers et des milliers de Serbes de Turquie se sont rangés du côté du schisme car, en se rangeant du côté de l'Exarchat bulgare, ils ne se prononçaient ni pour l'Etat bulgare, qui à ce moment n'existait même pas, ni pour la nationalité bulgare, mais seulement pour la liturgie slave dans l'église et contre l'exploitation par le Patriarcat oecuménique. Vouloir faire du plébiscite des Macédoniens, dans ce fait si simple, un plébiscite pour la Bulgarie de 1917, revient donc à dire une énormité!

En ce qui concerne le traité d'alliance serbo-bulgare du 13 mars 1912, la Serbie n'a jamais eu l'idée, comme l'affirme Rizoff, de reconnaître par ce traité toute la Macédoine comme zone bulgare. Dans ce traité, *la Serbie a reconnu explicitement aux Bulgares des droits seulement sur les régions à l'est de la Strouma et des monts Rhodope;* comme région contestée ce traité définit non pas une partie au nord, comme l'écrit Rizoff, mais toute la région située *entre Sar Planina, le lac d'Ochrida, la mer Egée et les montagnes de Rhodope.* La Serbie ayant été éloignée de la mer Adriatique par la Conférence des grandes Puissances, à Londres, elle a demandé la révision de ce traité en sa faveur. La Bulgarie n'ayant pas voulu reconnaître l'arbitrage du tsar stipulé dans le traité, la seconde guerre balkanique a alors éclaté. A la veille de la guerre mondiale, un diplomate bulgare très haut placé s'est exprimé dans les termes suivants, au sujet des fautes bulgares qui ont amené la catastrophe:

«La troisième faute que nous avons commise réside dans le fait que nous avons modifié le caractère originel de la guerre en *faisant d'une guerre de délivrance, une guerre de conquête, et en réclamant comme frontière orientale la ligne Rhodosto — Midia.* Cette faute a créé dans le monde la légende que nous aspirions à l'hégémonie dans les Balkans — légende que les Serbes et les Grecs ont exploitée très habilement. Le monde s'est mis à s'étonner de ce que *nous ne voulions faire aucune concession aux Serbes et aux Grecs en Macédoine, tandis que nous revendiquions toute la Thrace en étendant nos frontières jusqu'aux murs de Constantinople.* Ces conceptions et ces tendances ont éloigné de nous tous les esprits libéraux de l'Europe».

Ces paroles raisonnables paraîtront à Rizoff étonnamment connues. Et avec raison. C'est lui-même qui les a écrites et publiées.

Pour passer maintenant aux actes diplomatiques, Rizoff se souviendra sans doute aussi du traité secret de 1898, conclu entre la Bulgarie et l'Autriche-Hongrie. Par ce traité, l'Autriche-Hongrie avait promis de protéger la dynastie de Cobourg, et la Bulgarie s'engageait à s'arrêter, lors du partage de la Turquie d'Europe, *à la frontière occidentale de la Strouma et des montagnes de Rhodope.* Dans un traité secret similaire, en 1907, la Bulgarie s'est assuré pour elle-même, du côté de la Russie, une issue à la mer Egée, à la condition *de ne rien revendiquer des territoires à l'ouest de Strouma et des montagnes de Rhodope.*

Donc, tandis que les revendications bulgares d'alors étaient plus restreintes que ce que la Bulgarie pourrait obtenir aujourd'hui par une paix d'entente, les partisans *de la paix violente des Bulgares* loin de se contenter même de la plaine pélagonique autour de Monastir, demandent pour eux *toute la Macédoine, la Vieille Serbie, la vallée de la Morava, pour arriver ainsi à travers l'Albanie à la mer Adriatique.* Néanmoins, il existe pour la Bulgarie un besoin plus fort que celui de posséder Skoplié, Nich et Prisrend, et ce besoin, c'est la paix à laquelle aspire toute l'Europe et qui ne peut être ajournée par les buts de conquête d'aucun des partis.

PRO MACEDONIA

DEUXIÈME ARTICLE de RIZOFF

Publié dans le «Vorwärts» du 12 Août, ce second article de Rizoff était accompagné de la remarque suivante de la rédaction:

«Nous publions ces articles non seulement pour remplir notre devoir d'hospitalité vis-à-vis du représentant diplomatique d'un peuple qui est notre allié, devoir compréhensible en soi, mais aussi pour leur valeur propre, car ils donnent aux publicistes allemands la possibilité de plonger leur regard jusque dans le fond même de la politique bulgare et de contribuer fortement à la solution d'un problème compliqué. Il n'est pas nécessaire de faire observer que le point de vue de M. le Ministre, vis-à-vis de la question générale de la paix d'entente, n'est pas non plus le nôtre. Nous ne voudrions aujourd'hui expliquer en détail que deux erreurs secondaires de M. le Ministre:

1° Les articles de Wendel n'ont été soumis à aucune censure, pas plus à la censure des autorités allemandes, qu'à celle de notre rédaction. Nous avons tout simplement publié les articles de Wendel sans rien demander à personne, en tant qu'expression d'un de nos collaborateurs les plus distingués;

2° Comme écrivain politique, le camarade Wendel, dont la «gloire» n'est arrivée jusqu'aux oreilles de M. Rizoff qu'au cours de la dernière quinzaine, jouit depuis longtemps en Allemagne d'une renommée excellente et méritée.»

Dans son numéro du 26 juillet, le «Vorwärts» publie encore un article de M. Wendel, comme réponse à ma réponse. M. Wendel est très fier d'avoir soulevé en Bulgarie, par ses articles, une véritable tempête et d'être devenu en deux semaines un homme célèbre. Je ne lui porte point envie pour ce triomphe. Malheureusement, j'ai le devoir désagréable de faire savoir à M. Wendel que la tempête provoquée en Bulgarie par ses écrits, ne doit être attribuée ni à la valeur intrinsèque de sa personne, ni à la valeur scientifique de ses conclusions (car en Bulgarie, *les arguments serbes sur la Macédoine* sont suffisammant connus). Si ses écrits ont eu un aussi grand retentissement en Bulgarie, et s'ils y ont même troublé beaucoup de gens, M. Wendel doit en savoir gré à d'autres causes.

M. Wendel est, en effet, *député allemand;* il faut ajouter à cela ces faits importants, que ses écrits ont passé par une censure de guerre très sévère et, surtout, que les grands organes de la presse allemande et autrichienne, sauf de rares exceptions, n'ont, en général, pas réagi contre ses écrits, permettant ainsi de conjecturer que le silence à leur sujet est approuvé en haut lieu.

La Bulgarie ayant été trompée en 1913 par ses alliés, la majorité des lecteurs bulgares ont attribué aux écrits de Wendel un caractère symptomatique, dans ce sens, que les cercles dirigeants en Allemagne et en Autriche se seraient servis d'un socialiste pour faire entendre aux Bulgares qu'ils devront réduire leurs prétentions territoriales, ou tout au moins pour préparer le terrain à cet effet. En ce qui concerne les intellectuels bulgares, ils ont été surpris de l'indifférence des peuples de l'Allemagne et de l'Autriche à l'égard des «buts de guerre de la Bulgarie». On devient si méfiant dans les Balkans. C'est à ces circonstances que M. Wendel est redevable de sa gloire inattendue et douteuse. Ce sont là les causes pour lesquelles la presse bulgare a été émue et pour lesquelles je me suis décidé moi-même, contrairement à mes habitudes, à répondre, pour la dernière fois, à M. Wendel.

* * *

M. Wendel est un polémiste singulier. Sur mes vingt arguments pour prouver la nationalité bulgare des «Slaves Macédoniens», il a tenté d'en réfuter seulement trois, qu'il a sans doute considérés comme les moins forts, tandis qu'il a passé les autres sous silence, les a rejetés en bloc ou remplacés — les derniers — par ses arguments propres. M Wendel a évidemment appris par coeur l'*Eristike* de Schopenhauer.

A mon affirmation, que les rois serbes s'intitulaient pendant leur règne en Macédoine: «Roi des Serbes et des Bulgares» parce qu'ils considéraient les Macédoniens comme des Bulgares, M. Wendel répond que les Bulgares étaient mentionnés dans les titres des rois serbes uniquement parce que certaines provinces de la Bulgarie faisaient partie intégrante de leur Etat — ce qui fut, par exemple, le cas de l'Empire de Douchane, le plus grand souverain serbe. Cet argument est, pour me servir d'un euphémisme, erroné. M. Wendel s'en convaincra lui-même s'il examine la carte de l'Etat de Douchane dans «l'Histoire du peuple serbe» du professeur Stanoïé Stanoïévitch. Il y verra qu'aucune partie de la Bulgarie n'a appartenu à l'Etat de Douchane.

A ma recommandation de lire la riche littérature sur l'ethnographie de la Macédoine, dont les auteurs — des hommes compétents, des savants de tous les peuples civilisés — ont étudié la question à fond dans le pays même, M. Wendel oppose qu'on ne peut prouver la nationalité des Macédoniens du XX me siècle par des faits des siècles passés. Cette manière d'attestation renverse toute l'htstoire mondiale, car chaque peuple a son origine historique. Mais ce qu'il y a de plus caractéristique, c'est que M. Wendel, en procédant ainsi, semble ne pas se rendre compte de la valeur que possède, en tant que témoignage impartial, tout ce qui a été écrit sur la nationalité des «Slaves Macédoniens» antérieurement à l'exposé des prétentions bulgares, serbes et grecques à la possession de la Macédoine.

Est-il vraiment possible que M. Wendel ne saisisse pas la valeur de ces témoignages si importants? Au lieu de plonger dans cette littérature, il ne cite que des auteurs inconnus ou des politiciens insignifiants, qui manquent de compétence pour traiter cette question. Il cite, enfin, le correspondant bien connu du journal russe «Novoïé Vremia», A. Amphitéatrov, qui a écrit sur la nationalité des Macédoniens pour des raisons sur lesquelles M. Wendel pourra se renseigner confidentiellement auprès de M. Pachitch... Chose plus étrange encore, M. Wendel me reproche à moi de n'avoir cité sur ce sujet aucun écrivain de date récente, parce qu'ils sont tous contre la thèse bulgare...

Ceci ne correspond pas à la vérité. Voici les noms de presque tous les savants et spécialistes des questions balkaniques qui ont, au cours des quarante dernières années, c'est-à-dire depuis 1877, écrit ou parlé de la Macédoine? Ils ont tous reconnu le caractère nettement bulgare de ce pays.

En 1878, un personnage considérable, le prince de Bismarck lui-même, répondant à une question de Bennigson sur l'ethnographie du peuple bulgare, a prononcé en plein Reichstag ces fameuses paroles:

«L'état ethnographique de la Bulgarie, tel que je le connais d'une source authentique et tel qu'il ressort de la meilleure carte de Kiepert, est celui-ci: les colonies du peuple bulgare, interrompues par d'autres nations, vont à l'Ouest jusqu'au delà de Salonique et s'étendent à l'Est, interrompues par des éléments turcs insignifiants, jusqu'à la Mer Noire».

En 1885, le géographe russe A.-F. Rittich; en 1888, le professeur belge E. de Laveleye dans son ouvrage sur la Péninsule balkanique; en 1890, la «Société slave de bienfaisance» à Petrograd (dont le registre des membres montre des noms tels que Lamansky, Palmov, Korabiev, etc.), dans sa «Carte ethnographique des peuples slaves; en 1891, le professeur polonais à Lvof, A. Kalina, dans son ouvrage célèbre sur l'Histoire de la langue bulgare (deux volumes); en 1883, le professeur russe A. P. Lavrov, dans son étude sur la langue bulgare; en 1896, le slavisant et linguiste slovène V. Oblak, élève du professeur Jagić, qui a voyagé en Macédoine dans le but d'étudier la langue des «Slaves Macédoniens»; en 1898 le professeur allemand de Leipzig, C. Weigand, qui a également visité la Macédoine en touriste en étudiant les Macédoniens valaques, en 1899, le consul français à Monastir, Max Choublier; en 1900, le professeur russe, P.-N. Milioukov (premier ministre des affaires étrangères après la révolution) qui a, à deux ou trois reprises, voyagé en Macédoine et qui a écrit deux ouvrages sur ce pays et ses rapports avec les Serbes et les Bulgares; en 1904, l'Anglais H.-N. Brailsford, qui a séjourné plusieurs mois en Macédoine; en 1905, le publiciste russe A. Bachmakov, qui a longuement parcouru la Macédoine et a écrit sur ce pays; en 1906, le slavisant russe, professeur Florinski, dans son ouvrage sur la race slave; en 1901 et 1908 le slavisant tchèque, professeur Niederlé, dans ses ouvrages sur la question macédonienne et les Slaves contemporains; en 1909, le professeur russe Kondakov, qui a également été en Macédoine et qui a écrit un ouvrage devenu célèbre; en 1910, l'Anglais Arthur Evans; en 1914, le slavisant russe, professeur N. Derjavine; enfin, pour ne pas allonger trop la liste, le slavisant français, professeur Louis Léger, qui a écrit plusieurs ouvrages sur les Tchèques et les Slaves de la Save et du Danube et qui a eu le grand courage civique de déclarer publiquement, en 1916, à la face des Serbes, alliés de la France, que la Macédoine est bulgare.

Toute cette compagnie de savants, slavisants et publicistes de presque tous les peuples d'Europe, a confirmé dans ses écrits *que les «Slaves Macédoniens» sont des Bulgares.*

Mais la partialité de M. Wendel pour les Serbes va si loin qu'il s'efforce même à ôter de sa valeur au vote opéré par le peuple en Macédoine, sous les Turcs et sous le contrôle grec, vote qui eut pour résultat *que les deux tiers des habitants chrétiens de la Macédoine ont déclaré être des Bulgares.* M. Wendel se permet d'affirmer que dans ce vote du peuple, les Serbes Macédoniens ont voté avec les Bulgares pour se débarrasser du joug des prêtres grecs. Je regrette de devoir dire à M. Wendel qu'une telle injure est indigne d'un député allemand. J'invite M. Wendel à me citer le nom *d'un seul Serbe Macédonien* qui ait reconnu l'Exarchat bulgare. Du reste il peut profiter de cette occasion pour lire la brochure de l'ancien ministre président serbe, Sava Grouitch: «Comment fut créé l'Exarchat bulgare». Il apprendra dans cet ouvrage que la Serbie officielle a lutté pour empêcher que les diocèses serbes de Kossovo-Polié et en Herzégovine ne fussent réunis à l'Exarchat bulgare, mais que cette même Serbie n'a pas protesté contre la réunion de la Macédoine à l'Exarchat, ni contre la mention qui fut faite des diocèses de Nich et de Pirot, dans le firman impérial, comme de diocèses éminemment bulgares.

Pour défendre les prétentions serbes en Macédoine, M. Wendel répète la fable serbe que la «zone contestée» dans le traité d'alliance serbo-bulgare de 1912, embrasse toute la Macédoine. Il est incompréhensible que M. Wendel ait pu se laisser prendre à cette invention infantine, le traité sus-mentionné ayant été publié dans le journal français le «Matin» du 24 novembre 1913, et M. Wendel ayant pu y voir que la «zone contestée» dont il fut alors question, ne comprend que le district d'Uskub, (avec les villes d'Uskub, Koumanovo et Tétovo) et les contrées de la Macédoine du nord-ouest (avec les villes de Dibra et de Strouga). Du reste, dans le rapport de la Commission Carnegie, qui a fait procéder en 1913 à une enquête dans les Balkans, on peut trouver l'analyse de ce traité avec une carte de la zone contestée. Ce rapport est publié dans un fort volume en anglais, en français et en allemand. Si M. Wendel n'accorde créance qu'aux Serbes, je lui recommande la lecture d'un écrit du professeur Cviic dans le tome du mois d'octobre 1912 de la revue anglaise «Review of Reviews», qui confirme ce que j'ai exposé plus haut.

Sur un seul point, M. Wendel semble avoir raison: c'est lorsqu'il dit que les «Slaves Macédoniens» auraient pu être assimilés par les Serbes s'ils étaient devenus des sujets serbes. C'est vraisemblable et, même plus, c'est très possible, si l'on considère les nouvelles méthodes d'assimilation des Etats modernes, spécialement de la Serbie, dont les mesures draconiennes en Macédoine depuis 1913 sont, à cet égard, bien connues. Mais, je pose à M. Wendel cette question: quel est le peuple qui, sous la domination étrangère, ne peut être assimilé dans la suite des temps? Que sont devenus les Italiens de Nice et de la Savoie qui, en 1860, furent adjugés à la France? Pour ne pas parler des processus d'assimilation qu'on peut trouver en abondance dans l'histoire mondiale, les Etats-Unis d'Amerique, où l'on a formé, sans contrainte directe, des nationalités les plus disparates, une unité nationale, offrent un exemple typique de cette assimilation. En ce qui concerne les «Slaves Macédoniens», la question n'est pas de savoir s'ils peuvent devenir Serbes ou Bulgares: il s'agit de savoir ce qu'ils sont aujourd'hui et ce qu'ils veulent être. A cette question il n'y a qu'une réponse: ils sont Bulgares et ils veulent être Bulgares.

M. Wendel me surprend en me révélant l'existence d'un traité entre l'Autriche-Hongrie et la Bulgarie, conclu en 1898, et d'un autre traité avec la Russie, de 1907. Je déclare catégoriquement que j'ignore tout de ces traités et que je les considère comme une invention serbe. Cependant, ce que je sais de façon absolument certaine, c'est qu'aucun homme d'Etat bulgare n'a pu apposer sa signature au bas de traités par lesquels les montagnes de Rhodope et la Strouma seraient considérées comme les frontières occidentales de la Bulgarie, vu que, pour tout Bulgare, l'abandon de la Macédoine équivaut à la haute trahison, à une trahison du pays de la pire espèce.

* * *

Comme je veux finir aujourd'hui avec M. Wendel, je suis obligé de toucher également à la question politique, qu'il a mise en avant, à savoir: que nous, Bulgares, devons nous entendre avec les Serbes, puisque la paix est plus indispensable à la Bulgarie que la possession des vieilles villes — Skoplié, Nich et Prisrend.

Avant de prendre une attitude vis-à-vis de ce conseil débonnaire, j'ai le droit moral de demander à ce bon M. Wendel pourquoi il n'a pas élevé sa noble voix en 1913 et pourquoi il n'a pas donné le même conseil à la Serbie.

Car, dans ce cas, la seconde guerre balkanique eût été évitée et avec elle l'injuste traité de Bucarest, qui provoqua la guerre actuelle... On m'assure qu'à ce moment, M. Wendel se trouvait auprès du Grand Quartier Général serbe, en qualité de correspondant de journaux, donc justement en situation favorable pour faire entendre à ses amis la voix de la paix. M. Wendel a-t-il oublié, alors, son devoir de socialiste et de pacifiste?... Ou bien son pacifisme n'entre-t-il en action que lorsqu'il s'agit de persuader aux Bulgares de faire la paix en cédant une partie de la Macédoine aux Serbes? Ce procédé me paraît partial et peu sincère... Mais, passons plutôt à d'autres sujets.

La paix, certes, est nécessaire à la Bulgarie, ainsi qu'à tous les pays belligérants et même aux Etats neutres. Tout le monde a assez de la guerre meurtrière qui vient d'achever sa troisième année. Mais, après d'aussi effroyables hécatombes, le gouvernement d'aucun des Etats belligérants n'osera conclure la paix sur la base du *statu quo ante bellum?* sauf le cas où une telle paix lui serait imposée. Car, il n'est pas difficile de se représenter quelle lourde responsabilité incomberait alors à tous ceux qui sont entrés dans cette guerre et qui la continuent sans être sûrs de la victoire. C'est la raison pour laquelle la «paix d'entente» est impossible aussi longtemps *qu'un des grands Etats belligérants ne sera pas devenu incapable de poursuivre la lutte.* Je crois que la Russie cédera la première. Mais, que ce soit la Russie ou une autre grande puissance, le renversement d'un des grands Etats belligérants sera le prélude de la paix. C'est là ma ferme conviction. Je suis persuadé que les socialistes allemands et mes amis personnels Erzberger et Theodor Wolff sont victimes dans cette question d'illusions très nobles mais dangereuses.

En ce qui concerne la Bulgarie, il ne faut point publier qu'elle n'est point entrée dans la guerre pour défendre ses possessions antérieures qui ne furent menacées d'aucun côté. Au contraire, on sait que l'Entente avait promis à la Bulgarie des compensations territoriales pour sa seule neutralité. Mais la Bulgarie n'a pas pu rester neutre, comme elle n'a pas pu marcher avec l'Entente, se trouvant dans l'obligation absolue de résoudre les deux problèmes dont dépend son existence: réaliser son union nationale et empêcher la Russie de s'installer à Constantinople. Ce double objectif, cependant, qui constitue les buts de guerre de la Bulgarie, ne pouvait être atteint par l'alliance avec la Russie, la Serbie, la Roumanie et la Grèce de Venizelos. Et c'est justement à cause de cela que la Bulgarie est, loyalement et sincèrement, entrée en guerre aux côtes de ses alliés actuels. Lorsqu'elle le fit, elle était pleinement consciente de la gravité de sa décision. Mais elle comprenait également qu'elle serait bien plus exposée, après la fin de la guerre, au danger d'être encerclée par la Russie établie à Constantinople, une Serbie deux fois plus grande, la Roumanie et la Grèce, ce qui signifierait pour elle: la vassalité de demain et la perte de l'indépendance nationale et de l'Etat dans un avenir très rapproché. Maintenant que la Russie révolutionnaire a abandonné ses prétentions sur Constatinople et que la Bulgarie — grâce au puissant secours de ses grands alliés et grâce aux sacrifices extraordinaires en biens et en sang qu'elle seule a supportés — a réalisé son union nationale, il serait naïf et, en même temps, cruel de lui recommander une paix conclue sur la base du *statu quo ante bellum.* Encore moins peut-elle entrer en négociations avec la Serbie. Puisque le voyage dans les Balkans de M. Wendel a été consacré exclusivement aux Serbes, il doit savoir que le traité d'alliance serbo-bulgare de 1912 fut la troisième et dernière tentative de la Bulgarie pour s'entendre avec la Serbie. Après la félonie de 1913, lorsque la Serbie se mit d'accord avec Venizelos dans le but de spolier la Bulgarie, toute conversation politique entre ces deux pays est exclue tant que les générations actuelles des deux Etats vivront, tant qu'elles ne seront pas remplacées par de nouvelles générations qui naîtront après cette guerre.

Je prie M. Wendel de me croire lorsque je lui dis que la Bulgarie n'est pas en état de faire les trois choses suivantes: négocier avec la Serbie, trahir ses alliés, et renoncer, cette fois-ci définitivement, à son union nationale. Et même si elle était capable de suivre l'exemple lâche et poltron de l'Italie, de la Roumanie et de la Serbie en 1913, même dans ce cas-là, elle ne traiterait pas avec la Serbie mais avec l'Entente. Les puissances de l'Entente languissent tant après une victoire sur l'invincible et victorieuse Allemagne, qu'elles n'hésiteraient pas à donner à la Bulgarie tout ce qu'elle demande pour son union, à seule fin de couper ainsi la route Berlin-Vienne-Constantinople et de faire revenir la Russie à son ancien amour, Constatinople. Mais je le répète: la Bulgarie est incapable de commettre une telle infidélité. Mais, elle est capable de ne céder ni devant les ennemis, ni devant les amis qui lui conseillent d'arracher des parties de son corps national pour les jeter aux Serbes, aux Roumains et à M. Venizelos. Tout Bulgare est convaincu que cette guerre est la dernière grande guerre européenne et que la Bulgarie y joue son dernier atout. La Bulgarie n'aspire, Dieu merci, à aucune hégémonie, ni aux territoires des autres nations. Elle a en conséquence, le droit de pouvoir compter, à cet égard, sur la collaboration illimitée de ses alliés, collaboration dont personne n'a douté, en Bulgarie, au cours de cette guerre. De son côté la Bulgarie fera tout ce qui est en son pouvoir pour disposer à la fin de cette guerre de la puissance militaire nécessaire pour achever de réaliser ses buts de guerre.

Le lecteur allemand, juste et attentif comme il est, me pardonnera le réalisme de cet écrit. Car je suis, moi-même, un Macédonien, et nous, Macédoniens, nous aimons notre Mère-Patrie de l'amour puissant et nerveux des orphelins qui ont longtemps vécu dans la misère et ont mangé avec leur infortunée mère, un pain trempé de larmes. Nous avons passé dans le deuil presque toute notre existence, ayant sous les yeux le spectacle de notre fidèle martyre ensanglantée et mutilée, et à son cri nous accourons tous et nous la défendons de toutes nos forces, *unguibus et rostro*, comme le diraient les Latins. Nous ne pouvons écrire d'elle qu'avec le «suc de nos nerfs» comme dirait Boerne, et nous oublions quelquefois que nous sommes des diplomates actifs.

Ceci est ma dernière réponse à M. Wendel.

ENCORE UNE FOIS À PROPOS DE LA MACÉDOINE

TROISIÈME ARTICLE DE M. WENDEL

Cet article a été publié dans le «Vorwärts» du 4 septembre, accompagné de la remarque suivante:

«Par cet article, nous terminons la discussion au sujet de la question macédonienne. Il est vrai que M. Stresemann, estimant sans doute que la censure n'est pas suffisante, a déclaré à la Commission générale du Reichstag que le parti socialdémocrate devrait interdire la publication des articles de Wendel. Mais cela ne peut nous empêcher de donner encore une fois la parole à notre collaborateur, attaqué par le ministre Rizoff.»

Il m'est bien désagréable de m'occuper encore une fois ici du ministre Rizoff, qui a poussé jusqu'à l'absurde le vieil adage suivant lequel les diplomates ont une langue pour cacher leur pensée, et qui n'a pas fait de son coeur un «abri d'assassins» (Moerdergrube). Que pourrait d'ailleurs faire un socialiste, dont le souci le plus pressant et le plus urgent est la fin de cette effroyable effusion de sang, avec un nationaliste qui ne considère la paix comme possible que lorsqu'un des adversaires sera terrassé, et qui ne peut pas se faire à l'idée d'un état de choses basé sur le maintien du *statu quo ante?* C'est avant tout son affaire, mais ensuite un peu la nôtre que de savoir comment Rizoff se propose de mettre ses conceptions en harmonie avec les déclarations des gouvernements et des parlements en Allemagne et en Autriche-Hongrie, qui se sont déclarés partisans d'une paix honorable pour tous les partis et d'une réconciliation durable entre les peuples.

Mais il ne faut plus parler ici de ces choses, et je suis loin de vouloir suivre le mauvais exemple de Rizoff en me montrant personnel, étant donné que je n'en ai nul besoin. Rizoff se trompe étrangement lorsqu'il croit et affirme que, sur ses vingt «preuves» concernant le bulgarisme des Slaves Macédoniens, je n'en ai choisi que trois parmi les plus faibles pour les réfuter. Ah! ces vingt «preuves» me rappellent les naïfs citoyens d'Arras envoyant aux portes de leur ville pour recevoir solennellement Louis XIV, des représentants qui, en les ouvrant au roi, lui dirent: «Nous aurions volontiers salué Votre Majesté par des coups de canons, mais nous avons soixante-douze bonnes raisons pour ne pas le faire. La première c'est que nous n'avons pas de canons. La seconde...» — Halte! dit le roi. La première me suffit et je vous fais grâce des soixante-onze autres.» Si l'on pouvait, au moins, dire quelque chose de semblable de la première ou de l'une de ces vingt «preuves» de Rizoff! Mais toutes ensemble et chacune en particulier étaient si peu sûres et si fragiles, que sur le nombre je n'en ai choisi que trois, non les plus faibles, mais les plus fortes, celles dont M. le Ministre était particulièrement fier. Je me suis arrêté précisément à ces raisons pour démontrer que son point de vue est insoutenable.

Pour toucher encore une fois en passant, au tsar Stéphane Douchan, Rizoff a considéré qu'il peut prouver le bulgarisme des Macédoniens au XIV me siècle, par te titre de Douchan, «Tsar des Serbes et des Bulgares». Mais ce n'est ni parce qu'il a conquis la Macédoine, ni parce qu'il a considéré qu'en conquérant les Slaves Macédoniens il conquérait les Bulgares, que le tsar Stéphane Douchan s'est attribué le titre de «Tsar des Bulgares», car la conquête des régions slaves de la Macédoine remonte à une époque antérieure à 1335, tandis que le titre de «Tsar des Bulgares» a été employé pour la première fois dix ans plus tard; il peut s'expliquer par le rapport d'alliance ou de vassalité dans lequel la Bulgarie était alors vis-à-vis de la Serbie. Autrement il serait impossible que le Patriarche de Tirnovo eût participé à l'acte par lequel le tsar serbe ceignit la couronne impériale.

Mais laissons les morts en paix; c'est la nouvelle époque, la nôtre, qui doit jouer un rôle décisif. Ma constatation du véritable sens de ce «vote national» pour l'Exarchat bulgare, vers 1870 fâche terriblement Rizoff, et cela parce que cette constatation est irréfutable. Il ne peut trouver d'autre issue que de m'adresser l'invitation étonnante à «citer le nom d'un seul Serbe macédonien qui ait reconnu l'Exarchat bulgare.» C'est comme si quelqu'un demandait qu'on lui montrât un électeur socialdémocrate appartenant à la bourgeoisie, dans l'affirmation insoutenable que, vers 1870, ce ne sont pas les seuls ouvriers qui ont voté pour les candidats socialdémocrates au Reichstag. Je n'ose pas, pour étayer mon opinion, m'en référer à Vladan Georgévitch (car il va de soi que tous les Serbes sont des menteurs impudents, comme tous les Bulgares sont des gens épris de vérité!), qui dit dans son ouvrage sur la révolution turque (Leipzig, 1908), en parlant de cette époque, qu'alors «des milliers et des milliers de Serbes ottomans ont passé au schisme bulgare uniquement pour obtenir la liturgie slave dans leur église. Ces Serbes ottomans agissaient ainsi d'autant plus volontiers que les noms bulgare et serbe n'avaient alors aucun sens de différénciation nationale, mais étaient employés pour désigner les frères de deux provinces différentes.»

Peut-être le russe Durnovo est-il plus sûr? Dans ses études sur la Macédoine (Moscou, 1898), il dit:

«Quiconque était adversaire du Patriarcat oecuménique a voté alors pour l'Exarchat *sans tenir compte de son origine bulgare, serbe, valaque ou albanaise.* Certains ont voté en faveur de l'Exarchat pour des motifs d'intérêt commercial ou parce qu'ils ont été intimidés. *Mais dans aucun cas les chiffres des votants pour l'Exarchat ne donnent la mesure de la force de la nationalité bulgare en Macédoine.*»

Ou si un explorateur allemand des Balkans peut paraître plus sûr, je vais citer Grothe qui, dans son ouvrage «Sur le sol turc» (Berlin, 1903), a dit:

«Le fait que, pendant le vote ecclésiastique de 1872, deux bons tiers des chrétiens de race slave se sont prononcés pour l'Exarchat bulgare, *ne signifie pas qu'ils se soient reconnus comme Bulgares.*»

D'ailleurs celui qui n'est pas d'accord avec les conceptions bulgares est, pour Rizoff, un «homme inconnu» ou un «politicien insignifiant». Il est pourtant nécessire de *dire aussi clairement que possible que l'on éprouve une impression nettement insupportable lorsque le représentant d'un peuple, représentant actif, mais qui n'a cependant donné aucun ouvrage scientifique considérable, met de côté avec mépris des hommes tels que le géographe Théobald Fischer, le byzantologue Heinrich Geltzer, l'explorateur des Balkans Félix Kanitz, l'historien Karl Sachs, comme des gens inconnus, parce que leurs témoignages ne sont pas à l'appui de sa thèse.*

Mais ceux que Rizoff cite comme ses principaux témoins sont-ils des autorités de premier ordre? Il s'en rapporte même à Bismarck, que sans doute il aurait pu sagement omettre, car le premier chancelier d'Allemagne, non seulement n'a été aucunement slavisant ni explorateur des Balkans, mais a montré à côte de cela un intérêt et une compréhension très minimes en ce qui concerne «les fragments de nationalités qui peuplent la presqu'île balkanique.» Quant aux Bulgares spécialement, le premier chancelier allemand les a considérés, lorsqu'il était chancelier d'abord et plus tard, comme des vassaux du tsarisme russe que la Providence lui destinait, et toujours lorsque l'opinion publique en Allemagne s'est agitée pour les conationaux de Rizoff, Bismarck s'est élevé contre le «gâchis bulgare» par le canal de sa presse dévouée. Si les paroles de ces Messieurs haut placés ont un tel prix, il serait peut-être intéressant de citer le témoignage du feld-maréchal général von der Goltz pacha, qui avait au moins l'avantage de connaître vraiment l'Orient. Pendant l'insurrection de 1903, von der Goltz Pacha a écrit: «Dans la région révoltée, les Bulgares ne représentent même pas les éléments si divers de la population et n'ont pas du tout une majorité prédominante.» Quant aux divers explorateurs de la dernière époque qui se sont prononcés soi-disant en faveur du bulgarisme des Slaves Macédoniens, le fait qu'en général ils sont Russes rend difficile de se procurer aujourd'hui leurs ouvrages et de vérifier leurs dires. Il est à espérer qu'il ne se passera pas avec eux ce qui se passe avec Kondakov, que Rizoff mentionne aussi, et qui, néanmoins, dans son ouvrage sur la Macédoine médiévale, «ouvrage qui devint célèbre» écrit:

«La civilisation serbe a inondé de son activité toute la Macédoine. Elle a continué la civilisation byzantine, ce qui, au point de vue civilisateur, donne une importance toute particulière au règne serbe en Macédoine. Tandis que le règne bulgare, qui n'a duré que peu de temps, n'a laissé derrière lui aucune trace de sa civilisation, la civilisation serbe s'est développée d'une manière excellente et le style architectural créé par les Serbes, si proche de la branche des Russes, représente la branche la plus importante de l'art byzantin.»

Mais le seul allemand de l'époque récente que Rizoff puisse invoquer, le professeur Weigand, s'est entendu reprocher par Spiridon Goptchévitch (La Principauté d'Albanie, 1914) de ne comprendre ni le serbe, ni le bulgare; par ce fait, il ne peut donc être spécialiste que dans la question des Aromounes et non pas dans celle des Slaves Macédoniens.

L'on doit s'étonner qu'il soit possible à un politicien aussi habile que Rizoff d'ignorer, comme il le dit, les traités secrets bulgaro-autrichien et bulgaro-russe de 1898 et 1907. Il me sera, dans tous les cas, reconnaissant de lui prouver mon affirmation en lui disant que, *dans les protocoles sténographiques du Parlement bulgare du mois de mai 1914 (page 623, etc.) il peut se renseigner avec précision sur ces traités, en lisant le discours prononcé par le député Kabaktchieff*. Ce ne sont donc pas des inventions serbes.

Il est plus étonnant encore que Rizoff croie pouvoir me qualifier de «victime d'une invention puérile», à cause de mon exposé du traité sur le partage du butin entre la Bulgarie et la Serbie, qui porte la date du 29 février 1912. Dans ce traité, dont la seconde partie promet l'aide de la Bulgarie à la Serbie, non seulement dans la guerre contre la Turquie, mais aussi contre l'Autriche-Hongrie, dans ce traité dont Rizoff se considère avec fierté comme un des principaux initiateurs, l'article second de l'annexe secrète contient textuellement ce qui suit:

«La Serbie reconnaît les droits de la Bulgarie sur les régions à l'est des montagnes de Rhodope et du fleuve de Strouma; la Bulgarie reconnaît les droits de la Serbie sur les régions au nord et au nord-ouest de Char-Planina. En ce qui concerne les régions entre la Char-Planina, la mer Egée et le lac d'Ochrida, dans le cas où les deux parties acquerraient la conviction que la constitution d'une province autonome spéciale comprenant ces régions serait impossible, en tenant compte des intérêts communs des nationalités serbe et bulgare ou par suite de quelque autre raison de nature intérieure ou extérieure on agira de la manière suivante: La Serbie s'engage à ne pas faire valoir ses droits sur les régions de l'autre côté de la ligne tracée sur la carte ci-jointe (cette ligne part de Kriva Palanka et atteint Strouga sur le lac d'Ochrida). La Bulgarie s' engage à accepter cette frontière si Sa Majesté le Tsar de Russie, qui sera invité à être arbitre dans cette question, se prononce en faveur de cette ligne».

Ce qu'on vient de citer permet de définir avec précision les régions qui étaient considérées comme litigieuses. La Bulgarie, en fin de compte, était satisfaite d'un partage de cette région d'après lequel Uskub, Koumanovo et Strouga devaient appartenir à la Serbie. Etant donné, cependant, que les décisions de la conférence de Londres frustraient la Serbie de l'issue désirée sur la mer Adriatique, et étant donné que la Bulgarie, contre toute attente, avait étendu ses conquêtes dans la Thrace loin vers l'Orient, on a demandé à Belgrade la revision du traité au profit des revendications serbes. Si l'on avait agi d'après les propositions serbes, la Bulgarie aurait porté son territoire de 96.000 à 148.000 kil. carrés et le chiffre de sa population de 4.350.000 à 7 millions, de sorte qu'elle eût toujours été plus grande de trois quarts que la Serbie, agrandie de ses 84.000 kil. carrés, et eût joui d'une suprématie incontestable dans la Péninsule balkanique, à côté d'une Serbie de 75.000 kil. carrés et d'une Grèce de 76.000 kil. carrés; et lorsque l'entente se révéla impossible, la Bulgarie brandit l'épée. Ce sont des faits historiques qui ne peuvent être réfutés.

*
* *

Ce n'est, naturellement, que sur un seul point — et ce point est le plus important! — qu'il me paraît que Rizoff me donne raison. Il reconnaît que les Slaves Macédoniens qui auraient échu à la Serbie auraient pu être facilement assimilés. Il est dans l'erreur cependant lorsqu'il parle des «méthodes d'assimilation» des Etats modernes, car dans une belle série de décades l'Etat auprès duquel il représente son pays n'a pu s'assimiler ni les Polonais, ni les Danois, ni les Lorrains. Le fait qu'il en serait allé autrement avec les Slaves Macédoniens qui auraient appartenu à la Serbie, fournit la preuve que ces Slaves du Sud ont une position transitoire entre les Bulgares et les Serbes; autrement on pourrait difficilement expliquer comment la propagande scolaire bulgare s'est vue menacée dans ses succès lorsque la propagande scolaire serbe a commencé à devenir, vers 1890, plus agile et plus zélée. *Les Slaves Macédoniens ont été aussi facilement accessibles à la langue littéraire bulgare qu'à la langue littéraire serbe, à l'éducation bulgare qu'à l'éducation serbe.* C'est précisément pour cela que les têtes bulgares surchauffées, ont pensé alors à remplacer la propagande scolaire par des moyens plus violents.

L'agent commercial bulgare à Uskub, dont le poste correspondait au poste de consul, a envoyé le 20 avril 1899, au prince Ferdinand, une lettre ouverte où il était dit:

«C'est par une illusion fatale pour le bulgarisme que le ministère de Grekoff croit que les succès actuels des Bulgares en Macédoine peuvent être étendus par la voie ecclésiastique et scolaire. Dans ce sens, *l'action de la Bulgarie en Macédoine peut être considérée comme achevée,* car par l'église et par l'école nous ne pouvons plus rien atteindre. Plus les circonstances actuelles dureront, *plus nos adversaires l'emporteront et plus nous serons nous-mêmes dans une situation défavorable.*»

Il aurait pourtant été étonnant que ces choses fussent écrites si les Slaves Macédoniens avaient eu le sentiment national bulgare développé?.... Dans le cas où ces citations na paraîtraient pas suffisamment sûres à M. le Ministre, il doit savoir mieux que personne quel en est l'auteur, car la lettre ouverte d'Uskub était précisément signée: *Dimitri Rizoff*!

Néanmoins, vu les conceptions que défend Rizoff, tout ce que nous venons de dire sont des paroles perdues. Non pas peut-être parce que, d'un côté, on se trouve en présence du point de vue serbe et, de l'autre, du point de vue bulgare. Non, ce n'est pas ainsi, car les nationalistes serbes déclinent très polimant une solution de la question macédonienne telle que celle que je propose. L'opposition entre nous est irréductible parce que le Ministre bulgare est un ferme défenseur d'une paix violente, alors que nous, socialdémocrates allemands, sommes de fermes défenseurs d'une paix d'entente.

QUI SONT LES SLAVES MACÉDONIENS?

PAR SVÉT. TOMITCH,
Inspecteur du Ministère serbe de l'Instruction publique.

I

Dans ses articles que nous avons reproduits ci-dessus, le député socialiste au Reichstag, M. Hermann Wendel, a fait ressortir *que les Slaves Macédoniens peuvent devenir aussi bien de bons Serbes que de bons Bulgares, ce qui voudrait dire que les Slaves de Macédoine sont Serbes autant que Bulgares.*

Cette théorie n'est pas nouvelle. D'après M. Wendel l'auteur en est l'Allemand Théobald Fischer qui l'a exposée il y a vingt-cinq ans. Chez nous, elle a été préconisée, il y a une douzaine d'années, par notre savant et explorateur de la presqu'île des Balkans bien connu, M. le professeur Cviitch, qui l'a formulée en ces termes: «Les Slaves Macédoniens forment une masse ethnique flottante entre les Serbes et les Bulgares et pourraient devenir aussi bien de bons Serbes que de bons Bulgares.[1]

M. Cviitch est arrivé à cette conclusion après de nombreuses et longues excursions en Vieille-Serbie et en Macédoine et de sérieuses enquêtes au milieu de leurs populations.

Outre M. Cviitch, d'autres universitaires et philologues slaves ont exploré la Macédoine et la Vieille-Serbie au point de vue ethnographique et principalement M. M. Mourko, de Gratz; Olaf Brok, de Christiania; Lavrov, de Pétrograde; Barbulescu, de Iassy; Bélitch, de Belgrade. Tous sont arrivés à la conclusion *que la langue parlée par les Slaves Macédoniens n'est pas la langue bulgare.* Leur opinion a été soutenue par M. Yagitch, de même que par tous les autres philologues slaves qui font autorité. Leur unique contradicteur

[1] Cette théorie de M. le professeur Cviitch n'a pas été bien accueillie chez nous.

est M. Lioubomir Milétitch, professeur à Sofia, cousin du fameux leader des Serbes de Hongrie, le Dr. Svétosar Milétitch, et fils de Georges Milétitch, instituteur serbe à Vélès vers 1860.

Les articles de M. Wendel ont mordu au coeur la Bulgarie officielle et les chauvins bulgares. Leur dépit était accru par le fait que le coup venait d'un Allemand, d'un allié. C'est pourquoi il y eut une levée de boucliers générale contre M. Wendel, et feu Rizoff, ministre de Bulgarie à Berlin, entreprit de lui répondre dans le «Vorwärts».

Dans sa réponse, Rizoff reproche d'abord à M. Wendel d'avoir soulevé la question des Slaves Macédoniens dans un sens opposé aux intérêts bulgares, puis il cite des faits historiques pour prouver que les Slaves Macédoniens sont Bulgares.

Les faits historiques, triés par Rizoff, sont d'importance douteuse et n'étayent que faiblement l'objet qu'il s'agit d'affermir. Ecrire sur les Slaves de Macédoine, sur leur ethnographie et leur ethnologie, discuter la question de leur langue après Lavrov, Mourko, Olaff Brok, Bélitch, Yagitch, Kondakov, Yastrebov et Cviitch, n'est pas chose facile, d'autant plus que les temps sont passés où l'administration turque et ses piliers, — les consuls autrichiens et leurs agents, — opposaient aux recherches sur le peuple de Macédoine leurs ténèbres et leur terreur.

Les Bulgares n'hésitent devant rien dans leurs efforts pour prouver que les Slaves de Macédoine sont Bulgares et que cette contrée est de même bulgare. Comme s'ils obéissaient à un ordre, ils partent tous et toujours de l'affirmation que la Macédoine est un pays bulgare, que les Slaves de Macédoine sont des Bulgares, qu'il n'y a pas et qu'il n'y a jamais eu de Serbes dans ce pays, puis ils s'efforcent d'utiliser tout ce qui pourrait servir à appuyer ce point de vue et nient cyniquement tout ce qui s'y oppose.

Ce n'est rien pour eux que la Vieille-Serbie méridionale et la Macédoine aient été le berceau de la culture et de la littérature serbe.

Ils n'attachent aucune importance au fait que Skoplié a été le centre de l'Etat serbe des Némanitch et le théatre des événements les plus importants dans la vie de notre peuple: de la proclamation du Patriarcat et de la consécration de Ioanikié comme premier patriarche serbe; du couronnement de l'Empereur Douchan, de la convocation de sa Diète et de la promulgation de son Code.

Leur attitude est la même devant le fait que tout ce qui fait la gloire des Serbes est lié aux villes de Skoplié, de Prilep et de Serrès, et c'est aussi une vétille que la Vieille-Serbie méridionale et la Macédoine soient couvertes, comme ne l'est aucune autre région de la presqu'île des Balkans, d'églises, de monastères et de monuments qui rappellent la grandeur de l'Etat serbe du moyen âge, et que les monastères de Hilendar, de Nagoritchino et de Gratchanitsa fassent honneur, par leur architecture, non seulement aux Serbes mais à tous les Slaves, comme dit Kondakov.

Ce n'est de même rien pour les Bulgares que les manuscrits serbes du moyen âge, — de cette époque qui vit l'épanouissement du peuple serbe en Vieille-Serbie et en Macédoine, — aient trouvé place dans toutes les bibliothèques du monde, tandis qu'on trouve à peine des manuscrits bulgares. M'étant rendu au Mont Athos en 1906 j'ai trouvé, au monastère de Hilendar, 512 manuscrits rédigés en serbe et 18 en bulgare; à Zographe, il y avait en tout 26 manuscrits: 22 étaient serbes et 4 bulgares. M. Mourko dit qu'au Saint Synode de Sofia, au moment où il le visita, il avait trouvé 107 manuscrits serbes, 28 bulgares et 19 rédigés en russe.

La langue, de même est un point négligeable. Que la prononciation qui est propre aux Macédoniens soit celle des Serbes, qu'ils aillent jusqu'à désigner les Bulgares et la Bulgarie par les mots purement serbes de «*Bougari*» et de «*Bougarska*» et que dans aucune partie de la Macédoine on ne se serve des mots bulgares de «*B'lgarska*» et de «*B'lgari*», cela ne porte pas à conséquence. Les Bulgares ne trouvent pas non plus qu'il soit nécessaire de tenir compte de ce que les coutumes des Slaves Macédoniens, à l'occasion des slavas, des fêtes religieuses ou civiles, sont absolument identiques à celles des peuples d'Herzégovine ou de Choumadia. Les Bulgares ont besoin de la Macédoine et des Slaves Macédoniens pour agrandir leur nation et leur Etat et devant cette nécessité toutes les considérations d'honneur, de religion, de sentiment national, de vérité et de science, doivent s'effacer.

II.

Passons aux «faits historiques» par lesquels Rizoff cherche à démontrer le caractère bulgare des Slaves Macédoniens.

Le premier de ces faits que cite Rizoff est le suivant: «Les rois serbes ont porté le titre de «Roi des Serbes et des Bulgares» ce qui prouve qu'ils reconnaissaient leurs sujets macédoniens comme Bulgares.»

Voici la vérité historique à ce sujet:

En 1291, le roi serbe Miloutine vainquit le prince de Vidine, Chichman, et lui imposa sa suzeraineté. A cette occasion ils s'apparentèrent: Chichman épousa la fille du grand joupan serbe Dragoche et peu après le roi Miloutine maria sa fille Anna avec le fils de Chichman, Michel.

Ces liens de parenté entre les souverains de Serbie et de Bulgarie furent consolidés par la victoire des Serbes sur les Bulgares à Velboujde, le 28 juillet 1330. Les boyards bulgares qui vinrent, au nom du frère du tsar Michel Chichmanoff, tué dans la bataille, remettre les clefs de toutes les cités bulgares au roi serbe Stéphane Détchanski lui offrirent à cette occasion la Bulgarie et le saluèrent par ces mots: «Que dorénavant le royaume de Serbie et l'empire bulgare forment un seul Etat où nous nous soumettrons à ta volonté.»

Stéphane n'accepta pas cette proposition et rendit le trône de Bulgarie à son neveu Stéphane Chichmanovitch, fils du tsar bulgare qui avait été tué, en lui adjoignant comme conseiller un de ses parents, Alexandre Stratsimirovitch, fils de la fille de Chichman et neveu du tsar Michel.[1]

En 1331, Douchan, à son avènement au trône serbe, trouva les relations avec la Bulgarie dans cet état. Les Bulgares destituèrent plus tard Stéphane Chichmanovitch et élirent tsar Alexandre Stratsimirovitch, parent de Douchan.

Afin de maintenir ces relations avec la Bulgarie, Douchan se maria plus tard avec Hélène, soeur d'Alexandre, et consolida de la sorte ces liens politiques d'amitié et d'alliance avec les Bulgares.

C'est par suite de ces faits que le roi Miloutine a signé une fois et le tsar Douchan à plusieurs reprises «Roi et autocrate des Serbes, des Grecs et des Bulgares». Ces deux souverains serbes se donnaient ce titre non pas à cause de la Macédoine mais par suite des circonstances que nous venons de relater.

On pourrait encore citer à l'appui de cette thèse et à l'encontre de celle de Rizoff, les preuves suivantes:

1° Le fait que le patriarche bulgare, Siméon de Ternovo, a assisté, en qualité de patriarche d'un pays ami et vassal à la consécration de l'archevêque Ioanikié comme patriarche serbe, et au sacre de Douchan, à Skoplié, en 1346.

Contre cette institution du Patriarcat serbe et l'octroi à Douchan du titre d'empereur, les Bulgares n'ont pas eu un mot de protestation, tandis que les Grecs ont protesté et que le patriarche de Constantinople, Caliste I, est allé jusqu'à lancer l'anathème contre Douchan et le patriarche Ioanikié en 1352.

2° Le Code de Douchan, qui fut promulgué à Skoplié en 1349 et à Serrès (au coeur de la Macédoine) en 1354, et qui constitue la meilleure preuve que le titre de «Roi des Bulgares» que Douchan a ajouté quelquefois aux siens n'a aucun rapport avec les Macédoniens, *car à aucun, absolument aucun endroit, il n'y est fait mention des Bulgares.* Par contre, on y mentionne les

[1] Archevêque Danilo: Les vies des rois et des archevêques serbes. La vie du roi Miloutine et de Detchansky.

Grecs aux §§ 39 et 73; les bergers Valaques aux §§ 32, 77 et 82; les Albanais aux §§ 82 et 87; même les quelques Allemands qui s'étaient établis au pays de Douchan (les mineurs saxons) sont cités dans le § 123. Cela prouve bien que dans le pays de Douchan il y avait des Grecs, des Valaques, des Albanais, voire des Allemands, mais point de Bulgares. Si ce n'avait pas été le cas, il n'y a pas de doute que l'empereur Douchan et sa Diète les eussent mentionnés aussi bien que les autres.

3° A son sacre, Douchan portait le titre de:

en serbe: «En Christ, le Dieu, très fidèle Empereur des Serbes et des Grecs.»

en grec: Ἐν Χριστῷ τῷ Θεῷ πιστὸς Βασιλεὺς καὶ Αὐτοκράτωρ Σερβίας καὶ Ῥωμανίας.

en latin: «Imperator Raxiae et Romaniae».[1]

4° Les souverains serbes ont régné sur la Macédoine, tant en sa totalité que partiellement, pendant 131 ans (1282—1413) et on a conservé jusqu'ici environ 150 de leurs titres et signatures. Parmi ces souverains on compte quatre rois: Miloutine, Stéphane Détchanski, Voukachine et Marko, qui ont eu pour capitales Skoplié, Serrès et Prilep; deux empereurs: Douchan et Ouroche, dont les capitales étaient Skoplié et Serrès; deux seigneurs: Constantin et Dragoche Déyanovitch, qui siégeaient à Stip, Koumanovo et Tchoustendil. Il faut ajouter le voïvode Olivere à Cratovo et Bogdan qui se trouvait en Chalcidique, entre Serrès et Salonique. Aucun d'eux n'a jamais signé comme souverain bulgare, sauf le roi Miloutine, qui l'a fait à l'occasion ci-dessus indiquée (le titre était en latin), et l'empereur Douchan, qui l'a fait cinq fois, deux de ces signatures, qu'on suppose être les seules authentiques, étant de même en latin. Tous ces titres étaient du reste destinés à l'étranger et visaient à présenter Miloutine et Douchan dans toute leur grandeur et dans toute leur puissance.[2]

[1] Jiretchek: Staat und Gesellschaft im mittelalterlichen Serbien I t. p. 11.

[2] Ibidem: p. 11.
Dr. V. Markovitch: Les titres des rois et des empereurs serbes. (Supplément littéraire du «Journal Officiel serbe. № 33 1918).

5° Outre les titres des souverains du moyen âge, nous possédons aussi des titres des pontifes de l'Eglise serbe, dans lesquels il n'est pas non plus fait mention de «bulgare» ou de «Bulgarie» en connexion avec la Macédoine.

De 1219 à 1346, le titre du chef spirituel de l'Eglise serbe était celui de: «Archevêque de tous les pays serbes et des pays du littoral». L'institution du titre de: «Patriarche des Serbes et des Grecs» a eu lieu après la prise du titre de patriarche par Ioanikié et de celui d'«Empereur des Serbes et des Grecs» par Douchan.

La réconciliation du despote Ougliécha avec le patriarche de Constantinople, en 1371, et la séparation de ses domaines d'avec le patriarcat d'Ipek, amena la suppression, dans le titre du patriarche, des mots: «et des Grecs» et le titre primitif de: «patriarche des pays serbes et des pays du littoral» fut rétabli.

Après la restauration du Patriarcat d'Ipek (1557), et l'incorporation, dans son domaine, de Doupnitsa, de Samokov et de Tatar-Bazardjik, *régions qui avaient fait partie de l'ancien Etat bulgare,* le patriarche serbe prend le titre de «Patriarche des Serbes et des Bulgares» ce qui prouve que les chefs de l'Eglise serbe, depuis le règne de Miloutine (1282) jusqu'à la suppression du Patriarcat en 1776, ont toujours fait une distinction entre les pays bulgares et la Macédoine et *qu'ils ont considéré celle-ci comme un pays serbe et les Macédoniens comme des Serbes.*

6° La Diète serbe du temps des Némanitch avait de même son titre et jusqu'à l'érection de l'empire elle se dénommait: «Diète des pays serbes».[1] Son titre fut ensuite celui de «Diète des pays serbes et grecs» ou «Diète des pays serbes, grecs, et ceux du littoral». Dans le brevet que Douchan octroya au monastère de Hilendar, du temps de la Diète de Kroupichté, près Kastoria (2 mai 1355), il est dit: «A la Diète serbe se sont réunies les noblesses: *serbe, grecque, et celle du littoral*».

[1] L. Stoïanovitch: Zapisi t. I Nr. 52.

Il est donc manifeste que dans les titres des Diètes serbes, qui cependant ont toujours siégé à Skoplié et à Serrès, la dernière même à Kroupichté, en Macédoine, on n'a jamais fait mention de «bulgare» ou de «Bulgarie».

Dans son second «fait historique» Rizoff cite le patriache serbe Vassilié Brkitch qui, décrivant les provinces turques, a dit de Serrès et de ses environs: «c'est un pays admirable où il y a beaucoup de Turcs riches; les campagnes sont peuplées de Bulgares et de Turcs; mais les Bulgares étant plus nombreux que les Turcs dans toute la Macédoine, ces derniers connaissent aussi le bulgare.»

Brkitch a quitté Ipek en 1765 et n'est pas le dernier patriarche serbe, comme dit Rizoff, mais le dernier Serbe qui ait occupé ce poste. Décrivant les provinces turques, Brkitch n'a certainement pas voulu englober dans la Macédoine *le diocèse de Skoplié qui se trouvait en Serbie et faisait partie du Patriarcat serbe.* Il n'a de même pas pu viser les régions d'Ochrid, de Bitolj, de Prilep ni de Vélès, où il n'y avait pas de grandes agglomérations turques.

En écrivant cela il songeait aux régions où il y avait des Turcs et qui faisaient partie de la véritable Macédoine, ce qui ressort aussi de ses paroles ci-dessus citées, et ce sont les contrées de la Basse Strouma, de Serrès, et celles situées plus à l'est jusqu'au delà de la Mesta.

Il est oiseux de faire appel aux connaissances philologiques et ethnographiques du patriarche Brkitch, puisqu'il a été démontré qu'il n'avait jamais étudié ni les langues slaves ni l'ethnographie et qu'il est devenu patriarche en commençant sa carrière comme simple élève de monastère. Il était natif du Monténégro, parlait le dialecte méridional et tous ceux qui avaient un autre accent n'étaient pas pour lui de véritables Serbes. Même de nos jours ses compatriotes ont des idées identiques à ce sujet.

Le troisième «fait historique» de Rizoff concerne Vouk Karadjitch, et le ministre bulgare affirme que ce savant serbe a reconnu «que les Macédoniens étaient des Bulgares». Voyons.

L'ouvrage le plus important de Vouk Karadjitch est son «Dictionnaire de la langue serbe» que l'on peut considérer même de nos jours comme une petite encyclopédie ethnographique. En y citant les noms des localités et des rivières en Vieille-Serbie et en Macédoine, Vouk dit qu'ils sont *serbes*. Il indique que le Vardar, le Drin Blanc et le Drin Noir se trouvent en Vieille-Serbie. Pour les régions du Haut et du Bas Polog et pour les villes de Kratovo, de Koumanovo, de Tétovo, de Gostivar, de Prilep et autres, il dit qu'elles se trouvent en Vieille-Serbie et que leur population chrétienne parle le *serbe*. Pour Kitchévo, il dit: «La ville se trouve dans le pachalik de Skoplié. Les chrétiens forment un tiers de la population, le reste étant de religion musulmane; *mais tous parlent le serbe.*

Au mot Dibra (Debar) Vouk mentionne qu'en 1836 il s'était entretenu, à Cettigné, avec deux personnes originaires de Dibra, qui parlaient le *serbe*. Il ajoute qu'elles lui avaient rapporté que «dans leur région il y avait beaucoup de villages où les gens parlaient comme eux et se disaient de même Serbes.» (Voir le Dictionnaire de Vouk Karadjitch, édition de 1852).

Voilà ce qu'a écrit Vouk Karadjitch. En ce qui concerne le dialecte des populations de la Morava et de la Macédoine, nous autres, Serbes, avons le plus de raisons de regretter qu'il ne soit pas même allé jusqu'a Nich. S'il s'était rendu au moins jusqu'à Skoplié, on aurait aujourd'hui de toutes autres idées sur le dialecte macédonien et même sur toute la question macédonienne.

Le quatrième «fait historique» de Rizoff concerne l'histoire de Dimitri Davidovitch, publiée avec une carte en 1848, et où il n'est pas dit «que la Macédoine était habitée par des Serbes». (Mais il n'y est pas dit non plus qu'elle était habitée par des Bulgares).

Davidovitch était juriste et journaliste; il était rédacteur au «Journal Officiel» et avait de même rédigé la Constitution de Srétégné. En 1821 il écrivit une «Histoire du peuple serbe» qui est connue dans la mesure où elle est citée dans les bibliographies. Il est mort à Smédérévo, en 1838, et la seconde édition de son histoire a paru en 1848 avec une carte quelque peu corrigée. Ni la première ni la seconde édition n'étaient empreintes d'un esprit critique.

Les lignes frontières indiquées sur la carte de Davidovitch ne représentent pas les limites ethnographiques du peuple serbe, mais bien les frontières politiques, non seulement de la Serbie, principauté vassale d'alors mais aussi d'autres régions.[1] La meilleure preuve en est que vers l'est et le sud elles indiquent exactement les frontières entre la Serbie et la Turquie souveraine d'alors et qu'elles ne comprennent ni Kossovo, ni Stari Vlah, ni les régions autour de la Piva, de la Tara et du Lim, pour lesquelles Rizoff lui-même devra reconnaître qu'elles sont serbes.

Une chose intéressante, en ce qui concerne la carte de Davidovitch, c'est que chaque pays y est exactement délimité suivant ses frontières historiques. La Bulgarie, par exemple, s'y trouve à sa place véritable: commençant à l'est de Sofia, elle est enclavée entre les Balkans, le Danube et la mer Noire. La Macédoine commence au sud de Démir-Kapu. Le territoire albanais a son point de départ au sud du Grand Drin et comprend les cours des rivières: Matcha, Scumba et Devola. Toute la région entre la Bulgarie, la Macédoine, le territoire albanais et les frontières politiques de la principauté de Serbie, est restée sans indication de nom, sans aucun doute parce qu'il aurait fallu y inscrire celui de «Serbie des Némanitch» ou «Vieille

[1] Voir la dite carte dans l'Atlas de Rizoff, «Les Bulgares», Berlin, 1917, p. 28. Le lecteur constatera *de visu* que les pointillés dont Rizoff voudrait faire les frontières ethnographiques du peuple serbe représentent exactement les frontières politiques de la Serbie, du Monténégro, de la Dalmatie etc. La ligne rouge a été ajoutée par Rizoff et n'existe pas dans l'original.

Serbie» ce qu'on ne pouvait faire, en 1848, pour des raisons d'ordre politique.

Le cinquième «fait historique» de Rizoff se rapporte à la carte linguistique des pays habités par les Serbes, éditée par le «professeur serbe» Dejarden, et qui laisse de même la Macédoine «en dehors de la Serbie et des pays dans lesquels la langue serbe est parlée.»

Le proffeseur Dejarden était un étranger. Il a édité une carte de même valeur que les articles d'un certain docent de l'Université de Belgrade et qui rapporte dans la «New Europe» (№46—1917) «que le monastère de Détchani se trouve au milieu de la sauvage Albanie.» Les Skipetars ne manqueront certainement pas de faire appel à cet article, de même que Rizoff cherche à appuyer ses assertions par la carte du professeur Dejarden.

Dans son sixième «fait historique» Rizoff cite le traité conclu entre le prince serbe Michel et le Comité révolutionnaire bulgare en janvier 1867 et dans lequel il est dit: La Serbie et la Bulgarie formeront un royaume.» Entre parenthèses, on mentionne; outre la Bulgarie, la Thrace et la Macédoine, *ce qui ne veut nullement dire que les populations de la Macédoine soient de nationalité bulgare.*

Les traités politiques n'ont jamais été considérés comme des applications de principes ethnographiques et ethnologiques, mais ont toujours constitué des compromis qui n'avaient aucun rapport avec la science. Il est possible qu'a l'avenir, le principe de la «libre autodisposition des peuples» ayant été mis en avant, les traités politiques soient, eux aussi, basés sur l'ethnographie et l'ethnologie.

Par ces six «faits historiques» que Rizoff cite, d'après des sources serbes, pour prouver que les Serbes eux-mêmes reconnaissent aux Macédoniens la nationalité bulgare, les lecteurs pourront aisément arriver à une conclusion en ce qui concerne l'appui qu'ils apportent à sa thèse.

Rizoff cite ensuite «toute une pléïade de savants des peuples civilisés de l'Europe qui, en étudiant les pays et les peuples, ont voyagé en Turquie et y ont vécu, et qui auraient presque unanimement établi ce fait incontestable que la majorité chrétienne est d'origine bulgare». Il cite donc: Pouqueville, Cousinéry, Ami-Boué, Criesebach, Kiepert, von Hahn, Karl Sax, Mackenzie, Irby, de nombreux autres encore, mais toujours des gens qui n'étaient ni philologues ni slavistes et dont aucun sauf quelques Slaves, ne savait ni le serbe ni le bulgare. Ce sont de même des gens qui ont traversé la Turquie entre 1840 et 1880, par conséquent à l'époque où les autorités turques prescrivaient leur itinéraire aux étrangers et leur donnaient d'ordinaire, pour interprètes des Grecs ou des Koutso-Valaques et des Turcs ou des Albanais pour escorte, leur faisant ensuite traverser le pays le plus rapidement possible. De plus, tout en citant des savants qui étaient, il est vrai, d'une réputation mondiale dans leur spécialité, comme Ami-Boué dans la géologie ou Kiepert dans la cartographie, Rizoff omet de citer les professeurs de langues slaves dans les principales Universités, tels que M. M. Mourko, Brok, Lavrov, Jagitch, Bélitch et Barbulescu. Rizoff ne cite de même pas l'ethnographe et le géographe bien connu, le meilleur connaisseur de la presqu'île des Balkans, M. Cviitch, qui, de même que les précédents, est resté longtemps en Macédoine et y a poursuivi ses travaux et ses recherches dans de meilleures conditions que les autorités sur lesquelles s'appuie Rizoff.

Outre ces «fait historiques» dont les lecteurs ont pu apprécier la valeur, Rizoff prétend démontrer la nationalité bulgare des Slaves Macédoniens par d'autres faits qui sont, dit-il, «absolument convaincants d'une autre façon». Il écrit donc:

«L'alphabet slave «cyrillique» a été composé par deux apôtres bulgaro-macédoniens, Cyrille et Méthode, dont le peuple bulgare célèbre le souvenir comme saints et civilisateurs.[1] Les frères Cyrille et Méthode ont con-

[1] L'église serbe célèbre de même Cyrille et Méthode, le 11 mai. La plus ancienne société de bienfaisance serbe, «La société pour la protection des enfants pauvres et abandonnés»

verti au christianisme les Bulgares et d'autres Slaves. Tous leurs disciples, qui ont créé aux IX° et X° siècles l'ancienne littérature bulgare, furent des Bulgares, et la majorité d'entre eux furent des Bulgares de la Macédoine.» Certes, seul un Macédonien bulgarisé peut être capable d'écrire une chose pareille.

De nombreux auteurs ont traité ce sujet et personne, sauf les Bulgares, n'a jamais eu l'idée de dire ou d'écrire que Cyrille et Méthode avaient été des Bulgares. S'ils ne sont pas Slaves, ils ne peuvent être que Grecs, mais en aucun cas des Bulgares. *Ni eux ni leurs disciples ne pouvaient l'être, car il y a impossibilité matérielle.*

Constantin Porphyrogénète (950) a écrit (De administrando imperio, cap. XXXII), que les Slaves avaient commencé à immigrer dans la presqu'île des Balkans au VI° siècle (en 548 les Slaves pillèrent l'Illyrie jusqu'a Durazzo) et le professeur Kondakov, l'archéologue le plus réputé d'Europe, dit, dans son livre «La Macédoine» (Petrograde 1905, p. 6 et 7.) que les Slaves avaient commencé à y pénétrer dès le V° siècle, occupant et colonisant systématiquement l'Illyrie et la Macédoine septentrionale et centrale. Quant aux Bulgares, il dit que ce n'est que dans la seconde moitié du VII° siècle (d'après certains auteurs en 679, d'après d'autres en 659 et 660) qu'ils ont passé le Danube et occupé la Bulgarie orientale vers Ternovo et Choumène. Constantin Porphyrogénète dit ensuite que les Slaves se

a pris l'anniversaire de ces deus saints pour fête patronymique, ce qu'on appelle en serbe la slava.

Les Croates aussi fêtent les Saints Cyrille et Méthode, de même que les orthodoxes. Agram possède un couvent, comprenant un séminaire pour la préparation des jeunes-gens au sacerdoce uniate et qui porte le nom de ces deux Saints. Il en est de même de la plus importante société culturelle de Croatie et d'Istrie qui, sous le nom d'«Association de Cyrille et Méthode» subventionne toutes les écoles nationalles croates d'Istrie et des contrées croates soumises à l'administration hongroise. Au jour commémoratif des Saints Cyrille et Méthode, que les populations de ces contrées appellent «jour de bienfaisance» ou recueille des souscriptions pour l'entrentien des écoles, dans toute la Croatie, l'Istrie, la Dalmatie et la Slavonie. Ces collectes correspondent à nos collectes du «Vidov Dan».

sont répandus rapidement dans la presqu'île, où ils se sont mêlés aux populations autochtones, de façon qu'ils sont parvenus[1] jusqu'à la mer Egée où ils ont fondé la cité de Srbitsa (Srbia, d'après Zonara Srbtchitchté), et Kondakov ajoute *que ces premiers Slaves étaient en majeure partie des Serbes et qu'en aucun cas ce ne pouvaient être des hordes bulgares.*

Ces migrations des Slaves à travers la presqu'île avaient eu lieu au VI°, VII° et VIII° siècle et se sont prolongées jusque dans la première moitié du IX°, tandis que les Bulgares *n'ont pénétré de l'est jusqu'à Sofia qu'en 809, sous le règne de Kroum, et n'ont occupé une partie de la Macédoine qu'en 861, sous le règne de Boris.* Il appert donc qu'au moment de la naissance de Cyrille et de Méthode il n'y avait ni des Bulgares ni des autorités bulgares en Macédoine *et qu'eux-mêmes ne pouvaient pas non plus être d'origine bulgare.*

De plus, Cyrille et Méthode sont nés à Salonique, ils étaient fils d'un haut fonctionnaire grec et ont fait leurs études d'abord dans leur cité natale, où ils ont appris le slave soit de leurs parents s'ils étaient d'origine slave, soit de leur entourage s'ils étaient d'origine grecque. Ils ont terminé leurs études à Constantinople où Cyrille est resté pendant quelque temps comme aide du bibliothécaire et précepteur à la cour, tandis que Méthode était retourné chez ses parents et était devenu fonctionnaire. De ce temps, on s'employait activement à la propagande chrétienne parmi les nombreuses tribus païennes qui étaient descendues du nord et de l'est dans les Etats de Rome et de Byzance. Les prêtres et les missionnaires grecs et romains qui prêchaient en leur propre langue le christianisme aux Slaves balkaniques n'avaient guère obtenu de succès. Cyrille, qui était moine et de plus homme d'érudition, créa *l'alphabet slave glagollique*[2] (non pas cyrillique) et non pas bulgare; il revint à Salonique pour prendre son frère Méthode et, sur l'invitation du prince morave Rastislave et avec l'autorisation de son gouvernement, il alla en

[1] Au bord de r. Vistritsa, sud Macédoine.

[2] P. A. Lavrov: Serbov et Horvatov — Petrograde 1917 p. 7.

Moravie en 862; de là, il se rendit, en 868, à Rome, où il mourut, tandis que Méthode revenait et mourait en Pannonie comme archevêque, en 885. *Ni l'un ni l'autre n'avaient jamais mis le pied en Bulgarie.*

Dans ce même ordre d'idées, il faut ajouter que les Bulgares tirent leur origine d'une tribu touranienne, c'est-à-dire turque (résultat des recherches de Y. D. Chichmanoff et de tous les auteurs bulgares «contemporains»). De l'Oural, ils sont descendus vers la Volga, d'où ils ont atteint le Bas-Danube par les côtes de la mer Noire. *Leur langue était la langue turque* (le professeur M. Mourko dit: *l'ancienne langue bulgare était un idiome turc et la noblesse bulgare le parlait même au Xe siècle).* Cyrille et Méthode ayant traduit l'évangile en *slave,* leur langue littéraire, de même que celle de leurs disciples, ne saurait, de toute évidence, *avoir quoi que ce soit de commun avec la langue turque qu'était le vieux bulgare.*

Les disciples de Cyrille et de Méthode, Gorasd, Sava, Angelar, Naoum et Clément, avec trois cents de leurs compagnons et élèves, sont retournés de Moravie en Serbie et en Macédoine vers la fin du IXe siècle. «Ils vinrent dans les contrées serbes que détenait alors le prince bulgare Boris.»[1] Sava alla à Prisrend, Naoum et Clément se rendirent à Ochrid, Angelar parmi les Slaves de la Haute Skumba et seul Gorasd devint archevêque en Bulgarie, non pas en tant que Bulgare, mais en qualité de savant missionnaire slave et de disciple direct de Méthode. A leur retour ils avaient séjourné parmi les colons slaves du nord, de l'ouest et du centre de la presqu'île, enseignant la religion chrétienne et posant les bases de la chretienté parmi nous. C'est de là que date l'emploi, sur tout le littoral croate, de la messe glagollique, qui y a été conservée jusqu'à nos jours comme messe nationale.[2] La propagation du christianisme, parmi les Serbes, n'allait que très lentement, parce qu'ils n'étaient ni unifiés ni organisés, tandis que,

[1] P. A. Lavrov: Serbov et Horvatov — Petrograde, 1917, p. 7.
[2] Ibidem: p. 7.

par contre, les Bulgares se trouvant fortement organisés, les prêtres et les missionnaires grecs que leur avait envoyés l'empereur de Byzance, Michel III, vers 864, purent facilement les convertir tous, avec leur empereur et plus de 10.000 boyards. Ces faits étant acquis, la question se pose de savoir si les Bulgares revendiquent de droit Cyrille et Méthode pour leur nationalité, ou s'ils ne le font que par suite du manque d'un apôtre national tel que notre Saint Sava, ou encore parce qu'en revendiquant Cyrille et Méthode ils croient pouvoir revendiquer Salonique, toute la Macédoine et tous les Slaves Macédoniens.

Non seulement Rizoff, mais tous les Bulgares, parlent toujours de l'archevêché d'Ochrid comme d'une Eglise bulgare, sans manquer d'en tirer la conclusion que les Slaves Macédoniens sont Bulgares.

Nous allons exposer l'histoire de cet archevêché, afin que le lecteur puisse lui-même arriver à une conclusion en ce qui concerne son caractère bulgare.

L'Eglise autonome bulgare a été instituée de suite après la conversion des Bulgares au christianisme et dès 870 on mentionne Iosif comme premier archevêque bulgare.[1] D'apris la liste greque le premier archevêque bulgare fut Protogenes, à qui succédèrent Methode, puis Gorazd et Clément.[2]

Cette Eglise fut élevée au patriarcat pendant le règne de Siméon (893—927). Le premier patriarche fut Damian, successeur de Saint Clément, dont le siège était à Derster. Son titre était celui de:

«Patriarch Justinianae primae et totius Bulgariae.»[3]

L'évêché d'Ochrid fut institué par Saint Clément vers l'an 900, et c'est après avoir été évêque d'Ochrid qu'il devint archevêque de Bulgarie (il mourut vers 916).

Le siège du patriarche bulgare fut transporté successivement de Sredats (Triaditsa) à Derster, à Vidin,

[1] Gelzer: Der Patriarchat von Achrida, p. 7.
[2] Ibidem: p. 6.
[3] Ibidem: p. 7.

à Meglen, à Prespa et à Ochrid, dans cette dernière localité vers la fin du règne de Pierre (927—966) ou au commencement du règne de Samouilo (976—1014). Comme premier patriarche qui eut son siège à Ochrid, on indique Philippe, dont le successur fut David, que remplaça Jean.[1] Le titre est resté le même: «Patriarch Justinianae I et totius Bulgariae».

Pendant que les Bulgares régnaient sur la Macédoine (861—969) et pendant que Samouilo régnait en Bulgarie (986—1000) ce patriarche était le souverain de l'Eglise, tant en Bulgarie qu'en Macédoine. A partir de l'an 1000, lorsque la Bulgarie et son Eglise tombèrent de nouveau sous la sujétion de Byzance, l'Eglise d'Ochrid n'eut plus aucune attache avec celle de Bulgarie et plus jamais elles ne furent dépendantes l'une de l'autre.

L'empereur de Byzance, Basile II, après avoir politiquement détruit l'Etat de Samouilo, en 1018, laissa une certaine autonomie spirituelle à l'archevêque d'Ochrid, pour des raisons politiques, et le patriarcat fut transformé en archevêché. Tous les diocèses dont se composait le patriarcat d'Ochrid étaient slaves. C'est pour satisfaire tant soit peu les populations, et afin d'éviter les séditions, que cet empereur leur avait laissé l'autonomie religieuse. Le premier archevêque d'Ochrid s'appelait Jean. C'était un Slave de Debra qui avait été patriarche avant la création de l'archevêché. Les archevêques suivants, sauf un petit nombre de Serbes, étaient Grecs et leur administration se servait de la langue grecque. Ils ont tous continué à porter le titre de: «Archevêque Justinianae I et de toute la Bulgarie», quoique la Bulgarie n'ait pas existé à cette époque.

En 1186 les Bulgares se libérèrent, sous Asène I, de la maîtrise de Byzance et fondèrent, en 1187, leur patriarcat indépendant à Trnovo. Le chef de leur Eglise se donnait le titre de: «Patriarche de toute la Bulgarie». Les archevêques d'Ochrid ne protestèrent point contre cet acte quoiqu'ils portassent le même titre; ils ne le firent pas pour la raison qu'ils ne se sentaient rien de

[1] Gelzer: Der Patriarchat von Ochrida, p. 8.

commun avec l'Eglise bulgare. Par contre, lorsque Saint Sava fut consacré, en 1219, archevêque de l'Eglise autonome serbe, les archevêques d'Ochrid protestèrent parce que leur Eglise était serbe et que son chef, se sentant être le chef spirituel du peuple serbe, éprouvait de la peine à voir se produire une scission au sein d'une Eglise qui unissait un même peuple.

Après la perte de l'indépendance de la Bulgarie, (1393) le Patriarcat bulgare fut supprimé, et l'Eglise bulgare ne fut pas rattachée à l'archevêché d'Ochrid mais au Patriarcat de Constantinople. Par contre, lorsque le Patriarcat serbe fut suspendu, en 1459, l'Eglise serbe fut adjointe à l'archevêché d'Ochrid, ce qui de même indique l'existence d'une racine commune pour ces deux Eglises.

En 1393, le chef de l'Eglise bulgare prenait la fuite, tandis que les patriarches d'Ipek et les archevêques d'Ochrid restaient au milieu de leur peuple. De même, toutes les guerres que les Autrichiens firent aux Turcs au nom de la chrétienté, furent considérées par les Serbes comme *des guerres de libération et furent toujours pour eux le signal de révoltes, tandis que ce ne fut jamais le cas chez les Bulgares.* En 1690, Jean de Monastir n'alla pas à Trnovo mais parmi les Serbes d'Autriche où il devint le voïvode de son peuple. Le patriarche d'Ipek et l'archevêque d'Ochrid firent de même parce qu'ils étaient, pourrait-on dire, les souverains tant spirituels que laïques du peuple serbe. Dans le malheur, ils subirent de même un sort commun: le Patriarcat d'Ipek fut supprimé en 1766 et l'archevêché d'Ochrid en 1767.

Après la suppression du Patriarcat bulgare, l'Eglise bulgare et ses chefs ne donnèrent plus signe de vie, tandis que les patriarches d'Ipek et les archevêques d'Ochrid menèrent la lutte pour leur Eglise et protégèrent les fidèles contre les agresseurs. Jusqu'à la création de l'exarchat, personne, en Vieille-Serbie et en Macédoine, n'avait idée qu'une Eglise bulgare eût existé. Par contre, tout le monde se souvenait fort bien du Patriarcat d'Ipek et de l'archevêché d'Ochrid. Jusqu'en

1850, la Bulgarie était loin, très loin, de la Vieille-Serbie et de la Macédoine.

Rizoff part de cette supposition que les Slaves Macédoniens sont Bulgares et considère que tout acte accompli par un Macédonien est l'acte d'un Bulgare. Il arrive ainsi à traiter de Bulgare le moine Païssié, un Macédonien qui fut élève puis moine au monastère serbe, et non pas bulgare, de Hilendar (je rappellerai que jusqu'en 1890 les Bulgares le qualifiaient de «Monastère slavéno-bulgare»). L'unique argument de Rizoff est que Païssié, qui fut le collaborateur de notre historien Jean Raïtch alors que celui-ci travaillait au classement des manuscrits de Hilendar et par qui il fut initié aux travaux historiques, a lui-même écrit une courte histoire du peuple bulgare. Tout cela sert à Rizoff pour prouver que les Slaves Macédoniens sont de nationalité bulgare. On pourrait, recourant à sa logique, prouver que Léopld von Ranke est Serbe, parce qu'il a écrit la meilleure histoire de notre révolution. Mommsen serait Romain et Maspero un antique Egyptien. On se pert en conjectures sur ce que serait, suivant le système de Risoff, l'historien Constantin Iretchek, qui a écrit la meilleure histoire des Serbes et la meilleure histoire des Bulgares?

Rizoff, de même que tous les Bulgares en général, s'efforce de prouver le caractère bulgare des Slaves Macédoniens par le fait que lors de la création de l'exarchat ceux-ci ont accepté l'Exarque de Constantinople comme chef de l'Eglise et ont consenti à la substitution de la messe slave à la messe grecque, la première ayant été abolie lors de la suppression du Patriarcat d'Ipek et de l'archevêché d'Ochrid. Il est vrai que tout ce que les Bulgares tiennent aujourd'hui en Macédoine et que tout ce dont ils tirent argument pour prouver que »les Slaves Macédoniens sont Bulgares» est la conséquence de la création de l'exarchat de Constantinople. Cet exarchat fut le produit des calculs politiques de la Turquie officielle et de la slavophilie de la Russie. Les Bulgares en ont profité mais ont porté les plus grands dommages aux Slaves de Vieille-Serbie et de Macédoine, et, en fin de compte, cet exarchat n'a pas été un moindre malheur pour eux-mêmes et pour nous. Qui sait s'il y aurait eu une guerre serbo-bulgare en 1885 si l'on n'avait pas créé un exarchat aussi imparfait, mais ce qui est certain c'est qu'on n'aurait pas assisté aux persécutions *de propagande* en Vieille-Serbie et en Macédoine, que la seconde guerre balkanique n'aurait pas eu lieu et qu'il en serait de même de la trahison actuelle des Bulgares.

Voici l'origine de l'exarchat bulgare:

Depuis la disparition de l'Etat bulgare, en 1393, jusqu'au commencement du XIX° siècle, le peuple bulgare a vécu servilement et sans donner signe de vie, dans sa patrie, entre le Danube, la Mer Noire et les Balkans. L'administration turque et le clergé grec avaient tellement oppressé le peuple bulgare à travers les siècles, qu'il était devenu un raïa complètement inconscient; Marine Drinoff, un Bulgare qui fut professeur à l'université de Charkov, dit dans les «Periodetscheski Spisanié IV»: Les Bulgares ont perdu toute conscience nationale sous le régime turc. Ils ne formaient plus un peuple mais une masse d'individus de forme humaine, groupés en hordes. Ils n'avaient plus rien qui leur fût commun: ni les pouvoirs publics, ni l'église, ni l'école. Tout était étranger.

Jusqu'en 1830, la messe se faisait en Bulgarie en langue grecque de même que toutes les écritures. Tous les notables ne parlaient que le grec et éprouvaient de la honte à se dire Bulgares. Ils cherchaient toujours à se faire passer pour Grecs. Le nom de Bulgare (Vulgaross) désignait l'ilote, le paysan, ainsi que c'est le cas, de nos jours, en Thrace et en Macédoine, où les Grecs et les Koutso-Valaques appellent «Vulgaross» les paysans slaves. En ce temps, en Bulgarie de même que dans le monde entier, *il n'y avait pas une seule école bulgare.*

L'Europe ne savait rien de l'existence d'un peuple bulgare. Le slaviste réputé, Kopitar, professeur à l'université de Vienne, savait juste, en ce qui concerne la langue bulgare, que l'article y venait après le nom.

Vouk Karadjitch a, le premier, fourni quelques données sur cette langue; mais, en 1826, Chafarik savait seulement que les Bulgares étaient au nombre d'environ 600.000 et qu'ils habitaient le pays entre le Danube et les Balkans.

L'influence des révolutions serbes sous Karageorges et sous Miloch et de la révolution grecque de 1821, de même que le livre de Véněline[1] «Sur la Bulgarie» tirèrent quelque peu de leur résignation servile les émigrés bulgares de Valachie, de Bessarabie et de Russie, de même que les éléments plus clairvoyants du pays, qui, alors, se vouèrent à l'éducation du peuple et commencèrent à demander une autonomie religieuse et scolaire, ainsi que certains privilèges politiques.

Deux de ces émigrés bulgares, qui vivaient à Odessa, revinrent en Bulgarie et l'un d'eux, Apriloff, ouvrit à Gabrovo, en 1833 ou en 1835, une école primaire qui fut la première école bulgare sur la presqu'île des Balkans.

Vers 1840, les notables bulgares adressèrent une requête au patriarche de Constantinople en vue d'obtenir la lecture de la messe en slave. Le patriarche refusa. Véněline fit une démarche dans le même sens, en 1853, auprès de l'ambassadeur russe Mentchikov, en le priant d'intervenir auprès du patriarche et de la Porte. Il n'obtint pas plus de succès. En 1858 les Bulgares demandèrent au patriarche de ne plus leur donner pour évêques des prélats qui ne connaissaient pas leur langue, ce qui fut refusé de même. Toutes ces demandes se rapportaient exclusivement aux diocèses qui avaient jadis appartenu au Patriarcat de Trnovo et personne ne songeait à la Macédoine ou aux diocèses

[1] Véněline était Ruthène; il avait fait ses études à Lavovo et s'était spécialisé dans les langues et l'histoire slaves. Ayant fait connaissance avec un assez grand nombre d'émigrés bulgares en Russie et principalement à Odessa et à Kichiniev, il vint en Bulgarie. Il trouva là quelques vestiges de l'ancien Etat bulgare et un peuple inconscient de son passé, de sa nationalité et de sa langue. C'est sous ces impressions qu'il écrivit, en 1833, son livre «Les anciens et les nouveaux Bulgares.»

qui avaient fait partie du Patriarcat d'Ipek ou de l'archevêché d'Ochrid.

Ce mouvement pour l'obtention de la messe slave eut une répercussion rapide dans tous les vilaïets de la Turquie d'Europe qui étaient habités par des Serbes et des Bulgares.

Les prêtres et les évêques grecs étaient exécrés de tout le monde et s'étaient rendus intolérables. C'est de là que provenaient ces protestations générales et le désir d'avoir la messe slave et des prêtres nationaux. A Vélès, le chef de ce mouvement était l'instituteur serbe Georges Milétitch, le père du professeur bulgare actuel, Lioubomir Milétitch, l'un des sorbophobes les plus acharnés.

Les aspirations nouvelles et les exactions du clergé grec avaient rappoché les partisans de la messe slave et il semblait, en effet, aux observateurs superficiels, qu'il s'agissait là d'un mouvement unilatéral auquel seuls les Bulgares prenaient part.

A ce moment, soit qu'il y ait eu ou non des influences étrangères, la propagande uniate se fit plus active parmi les populations surexcitées de la Turquie d'Europe. Les Bulgares l'acceuillaient favorablement (Dragan Tsankoff, l'un des leaders bulgares, se convertit à l'uniatisme). Les intérêts politiques commandaient à la Russie, à la Turquie et au patriarche oecuménique de donner tatisfaction aux demandes antérieures des Bulgares. La Russie orthodoxe craignait la propagande uniate et la séparation des Bulgares de la communauté slave; le Patriarcat oeucuménique ne voyait aucun intérêt à ce qu'ils se missent sous la protection du Pape. Quant à la Turquie, elle voulait donner satisfaction aux Slaves et à leur protectrice, la Russie, afin que celle-ci cessât de quémander journellement en faveur des Bulgares et à s'immiscer dans ses affaires intérieures. De plus, elle voulait contrecarrer la propagande de l'Hellénisme dont le clergé était le principal agent, de même qu'elle voulait affaiblir, du même coup, l'influence de la France et de l'Angleterre, puissances protectrices de la Grèce. Elle accepta donc les demandes des Bulgares et en octobre 1868 demanda au patriarche de leur donner satisfaction «afin que le peuple se tranquillisât»! Le patriarche lui-même y était disposé et voulait convoquer le Grand Conseil oeucuménique pour prendre une décision. Cependant, cette convocation nécessitait un certain temps et le peuple, la Russie et la Porte, n'étaient pas disposés à attendre. C'est pourquoi, en 1869, les délégués du peuple, d'accord avec la Porte et le représentant russe à Constantinople, le comte Ignatiev, élaborèrent un statut de la nouvelle Eglise. Le 28 février v. st. (11 mars n. st.) 1870, parut l'iradé du sultan concernant la fondation de la nouvelle Eglise, qui reçut le nom d'exarchat bulgare, et dont le siège devait être à Constantinople. Ce fut fait sans accord préalable avec le patriarche et l'on peut dire même, à son insu, ce qui lui fit lancer l'anathème contre l'exarchat et déclarer ses adeptes schismatiques.

Dans l'art. 10 de ce statut sont cités les diocèses qui entrent de droit dans l'exarchat et aucun de ceux de Vieille-Serbie ou de Macédoine n'y est mentionné, sauf celui de Vélès. Encore, pour l'incorporation de ce diocèse, les Bulgares ne sont-ils redevables qu'à la propagande active de l'instituteur de Veles, Georges Milétitch, qui sans aucun doute n'agissait pas pour le compte de l'exarchat bulgare mais pour la messe slave et contre les exacteurs grecs, comme eût fait à sa place tout autre Serbe ou Slave.

Ce même article 10 donnait aux populations slaves de la Turquie d'Europe le droit de se servir de la messe slave et d'être incorporées dans l'exarchat bulgare, la demande y relative devant obtenir l'adhésion des deux tiers de la population intéressée.[1]

[1] L'article 10 dit:
La juridiction spirituelle de l'Exarchat bulgare se compose des diocèses métropolitains de Roustchouk, Silistrie, Choumla, Tirnova, Sofia, Vratza, Loftza, Vidin, Nich, Chéhir-Kéni, Kustendil, Samaco, Velica, Varna (non compris la ville de Varna et une vingtaine de villages environ sur le littoral de la mer Noire, jusqu'à Kustendjé, dont les habitants ne sont pas Bulgares) le sandjak d'Islimé, sans les caçabas de Akhirdi et Mucevri; la caza

Le second alinéa de l'art. 10 déchaîna une propagande intence parmi les éléments slaves pour les amener à se joindre à l'exarchat et pour demander la messe slave et des évêques et des prêtres nationaux. Le comité de propagande, de Constantinople, n'adressait pas ses appels seulemnet aux populations des diocèses de Macédoine et de Vieille-Serbie, mais aussi aux populations des évêchés de Rachka et de Prisrène, de Saraïevo et de Mostar, en les exhortant à revendiquer la messe slave et des prêtres nationaux, ce qui démontre que tout le mouvement tendait vers ce but et était en outre dirigé contre le clergé grec dont les abus égalaient ceux des Turcs. Ce mouvement n'avait rien de commun avec la nationalité bulgare.

Au commencement, le peuple adhérait en masse à ce mouvement en revendiquant la messe slave. Cependant, l'exarchat bulgare s'étant mis à imposer la nationalité bulgare à ses partisans, au moyen de la messe slave et des autorités turques, car toute famille qui acceptait l'exarchat était introduite dans les livres turcs sous la désignation de «réligion bulgare» ou «nationalité bulgare», les populations serbes commencèrent

de Sizéboli, excepté la ville même de Philippopoli, le bourg (caçaba) de Stanmiaka, les villages (carié) de Qoqbuan, Vodina, Arnaout-Keni, Panaïa, Novoceli, Lascovo, Arklani, Padjqovo, Velaslitza et les monastères de Padjkovo, Aïos-Anarguiri, Aïos Paraskévi et Aïos-Iorgui.

Le quartier dit Panaïa, sis dans la ville même de Philippopoli, fera partie de l'Exarchat bulgare; mais ceux de ses habitants qui ne voudront pas se soumettre à l'Eglise et à l'Exarchat bulgare, seront entièrement libres à cet égard. Le détail en sera réglé entre le Patriarcat et l'Exarchat, conformément aux usages, principes, règles ecclésiastiques.

Si la totalité ou les deux tiers au moins des habitants de rite orthodoxe des localités autres que celles énumérées et énoncées ci-dessus, veulent se soumettre à l'Exarchat bulgare pour leurs affaires spirituelles, et ci cela est constaté et établi, ils y seront autorisés; mais cela n'aura lieu qu'à la demande et sur l'accord de la totalité ou tout au moins des deux tiers des habitants. Ceux qui, par ce moyen, chercheraient à jeter le trouble et la division parmi les populations seront poursuivis et punis par la loi.

à hésiter à abandonner le Patriarcat et une lutte terrible s'ensuivit entre exarchistes et patriarchistes.

Cette bulgarisation perfide que pratiquait la nouvelle Eglise, fit que les évêchés de Rachka et de Prisrène, de Saraïevo et de Mostar, *de même qu'un tiers de la population serbe de Vieille-Serbe méridionale et de Macédoine restèrent sous le Patriarcat.*

C'est ainsi que les partisans de l'exarchat furent désignés sous le nom de «Bulgares» sans y avoir aucunement donné leur consentement.

«Mais ce qui, dans ce débat, est d'une importance décisive et certainement ignoré de M. Wendel, c'est le fait suivant: la question des nationalités en Macédoine a été résolue par un plébiscite entre 1870 et 1876» — dit Rizoff.

C'est là, tout au moins, une grave erreur. Ce qu'on avait demandé aux populations slaves de la Turquie d'Europe, après l'institution de l'exarchat et en vertu de l'art. 10, c'était de se prononcer pour ou contre la messe slave, les adhérents devant passer sous la juridiction spirituelle de l'exarchat, les opposants devant rester sous celle du Patriarcat oecuménique. Il ressort clairement de cet état de choses que les Slaves n'avaient en somme qu'à choisir entre la messe grecque et la messe slave, ce qui ne touchait nullement à la question de leur nationalité. A l'appui de mes affirmations je pourrais citer les noms de quelques familles importantes que Rizoff a dû connaître en sa qualité d'agent officiel bulgare pour les affaires politiques et commerciales à Skoplié et où de deux frères l'un était exarchiste, l'autre patriarchiste. C'est ainsi que le prêtre Missa Martinoff, de Tétovo, était exarchiste et président de la communauté bulgare de cette ville, donc le premier Bulgare de l'endroit, tandis que son frère, Mómir Martinovitch, était patriarchiste et président de la communauté serbe de la même ville, donc le premier Serbe de l'endroit. Le père Stanko Ouroumko, du village de Mirkovtsi, (région montagneuse de Scoplié — Kara-Dagh) était exarchiste, — Bulgare, d'après Rizoff, —

tandis que son neveu, Ilia Kovatchévitch, était patriarchiste, — Serbe, (dans ce même village, la moitié de la population était exarchiste, l'autre patriarchiste). Stavra, dit kir Stavra, horloger à Skoplié, était patriarchiste tandis qu'un de ses frères était prêtre exarchiste à Skoplié et qu'un autre de ses frères était moine exarchiste au monastère de Marko, près de la même ville. Le propriétaire Ivko, du village de Poboujié (Kara-Dagh) et ses huit parents les plus proches étaient exarchistes, tandis que tous ses autres parents, de même que tout le village étaient patriarchistes. Il en était de même du village de Lioubantsé (région de Skoplié) qui était exarchiste, — donc bulgare, — tandis que tous les autres villages des alentours étaient patriarchistes — donc serbes... On pourrait citer de nombreux cas analogues qui confirmeraient l'existence de ce fait; faut-il, cependant, en conclure qu'il s'agit là de gens de nationalité différente et que vraiment l'un des deux frères était Serbe, l'autre Bulgare, ou que la moitié d'un village appartenait à la nationalité serbe et l'autre moitié à la nationalité bulgare?... Ce n'est ni possible ni compatible avec les principes scientifiques et il ne faut y voir que la preuve que la religion, contrairement à ce que tend à démontrer Rizoff, ne doit pas être confondue avec la nationalité, surtout quand il s'agit des populations de la Turquie d'Europe.

Parmi les adhérents de chaque Eglise se trouvaient représentées toutes les nationalités. Les patriarchistes se composaient de Serbes, de Grecs, de Koutso-Valaques et d'autres, de même que les exarchistes comprenaient des Serbes, des Bulgares, des Koutso-Valaques etc.

Le traité de San Stefano est de même présenté par les auteurs bulgares comme une preuve de la nationalité bulgare des Slaves Macédoniens, parce que la Macédoine a été incorporée dans la Bulgarie de San Stafano. Selon cette logique ce traité fournirait la preuve que, sans parler de toutes les autres nationalités que ses stipulations attribuèrent à la Bulgarie, les 1,800.000 Turcs osmanlis de Macédoine, de Thrace, de Bulgarie et de la Roumélie orientale, dont l'Etat bulgare fut gratifié à cette occasion, seraient de véritables Bulgares.

Rizoff affirme de même que les Slaves Macédoniens sont Bulgares, parce que, d'après lui, ils auraient dès 1894, commencé à combattre pour l'indépendance de la Macédoine, avec l'intention, assure-t-il, de se réunir plus tard à la Bulgarie, ainsi que fit la Roumélie orientale en 1885.

Représenter la lutte des Slaves Macédoniens pour la libération du régime turc comme une preuve de leur caractère bulgare, ne peut être que le fait de gens qui ne tiennent plus compte du tout de ce qu'ils écrivent. Et d'abord, les Macédoniens n'ont pas «commencé» à lutter en 1894, et avec les Bulgares, pour l'indépendance de la Macédoine et sa libération du joug turc. Que seraient alors les insurrections de 1688 et 1689, lorsque les insurgés de Serbie et de Macédoine parvinrent jusqu'à Skoplié et l'incendièrent? Que signifieraient les événements de 1691, lorsque des milliers de Serbes de Macédoine et de Vieille-Serbie passèrent en Autriche-Hongrie sous la conduite de Jean de Monastir? Et que faudrait-il dire de l'action des frères Jikitch de Mavrovo, qui fortifièrent Déligrad; des frères Termtchévitch, du même village, qui participèrent à la prise de Belgrade en 1806; de Yanko Popovitch, d'Ochrid, dit Tsintsar-Yanko et de Marko Kostitch-Tsintsar Marko de Gorgna Bélitsa, de Drinkol; de Georges Zogla, de Pierre Itchko et de Pierre Tchardakli qui, tous, étaient venus de Vieille-Serbie et de Macédoine, apportant à Karageorges et à Miloch leur concours et celui de leur peuple qu'ils soulevaient pour libérer leur patrie serbe.

L'insurrection de Poretch sous le voïvode Mitsko, en 1882; les émeutes qui se multiplièrent de tous côtés en 1876, n'étaient-ce pas des mouvements pour la libération de la Macédoine de l'oppression turuqe?

Les Macédoniens, et c'est un fait qui devrait être généralement connu, ont beaucoup plus fait pour leur libération et pour le relèvement du peuple macédonien par l'école, que les Bulgares n'ont fait pour se libérer eux-mêmes. Dès 1780, les paysans de Koutchévichté, (région montagneuse de Skoplié), possédaient au monastère du Saint Archange une école serbe dirigée par l'instituteur Théophile, tandis que les Bulgares n'arrivaient à fonder une école en Bulgarie, à Gabrovo, qu'en 1833, ou 35, c'est-à-dire cinquante-trois ans plus tard.

Rizoff se sert aussi de la révolte de 1903 pour prouver que les Slaves Macédoniens sont Bulgares.

Il est vrai qu'à cette occasion les Slaves Macédoniens ont de nouveau essayé de se libérer de la domination des Turcs, comme il est vrai aussi qu'à cette même occasion la Bulgarie n'a cherché qu'à exploiter leur mouvemnet et qu'elle s'est conduite envers eux comme leur pire ennemi. La Bulgarie officielle avait besoin de l'intervention de l'Europe dans la question macédonienne pour tirer profit de la situation. Elle avait suscité la révolte en *s'engageant* à faire passer les troupes bulgares en Macédoine dès les premiers troubles et à attaquer la Turquie. Le peuple se souleva, les Bulgares firent la sourde oreille et, naturellement, les Turcs organisèrent une répression terrible, incendiant les villages révoltés, déportant et tuant tous les hommes de quelque importance. Il fallait voir, pendant l'hiver de 1904, les pauvres paysans du village de Smiliévo, qui avait le plus souffert, mourant de froid et de faim dans les rues de Bitolj grâce à la «fraternité» bulgare. Cette révolte a encore certains côtés obscurs en ce qui concerne les détails de la trahison bulgare vis-à-vis des Slaves Macédoniens.

Le traité d'alliance serbo-bulgare du 13 mars n. st. (29 février v. st.) 1912, de même que le traité de San Stefano, ne peuvent, par principe, être invoqués dans la question de la nationalité des Slaves Macédoniens. Ce sont des compromis politiques entre Etats, qui, comme tous les traités similaires, ont été conclus en dehors des considérations ethnographiques et ethnologiques en regard des populations qui étaient attribuées à l'un ou l'autre Etat. C'est ainsi qu'ont été constituées l'Autriche-Hongrie, la Russie, la Turquie et même la Bulgarie, où, outre les Bulgares, vivent en nombre considérable des Turcs et des Grecs, de même qu'un petit nombre de Koutso-Valaques.

Cependant, afin que l'imposture apparaisse clairement en ce qui concerne l'affirmation de Rizoff que la Serbie y a reconnu toute la Macédoine à la sphère bulgare n'en exceptant qu'une partie au nord, marquée comme contestable, je citerai ici l'art. 2 de ce traité, qui dit:

«La Serbie reconnaît les droits de la Bulgarie sur les régions *à l'est des montagnes de Rhodope et du fleuve de Strouma;* la Bulgarie reconnaît les droits de la Serbie sur les régions au nord et au nord-ouest de Char-Planina.

En ce qui concerne la région entre la Char-Planina, la mer Egée et le lac d'Ochrida (zone contestée) — dans le cas où les deux parties acquerraient la conviction que la constitution d'une province autonome spéciale comprenant ces régions est impossible, en tenant compte des intérêts communs des nationalités serbe et bulgare ou par suite de quelque autre raison de nature intérieure ou extérieure, on agira de la manière suivante: La Serbie s'engage à ne pas faire valoir ses droits sur les régions de l'autre côté de la ligne tracée sur la carte ci-jointe, ligne partant de la montagne Golem, sur la frontière bulgaro-turque (près de Kriva Palanka) et aboutissant au monastère de Goubavats sur le lac d'Ochrid. La Bulgarie s'engage à accepter cette frontière si Sa Majesté le Tsar de Russie, qui sera invitée à être arbitre dans cette question, se prononce en faveur de cette ligne.»

Il est clair que la partie ouest *de cette zone contestée* avec les villes de Koumanovo, Skoplié, Tétóvo, Debar et Strouga, revenait à la Serbie, tandis que la partie orientale, avec les villes de Kriva Palanka, Kotchani, Stip, Veles, Prilep, Bitol et Ochrid, revenait à la Bulgarie.

»En verité, les Serbes ne sont apparus en Macédoine qu'après la guerre serbo-bulgare de 1885» dit

Rizoff. En vérité, c'est à ce moment qu'ils sont disparus. La Bulgarie avait obtenu une influence incroyable en Macédoine au moyen de l'exarchat et à la suite de notre défaite de Slivnitsa. Tous les Serbes de la Vieille-Serbie méridionale, et en général tous les Slaves de Macédoine qui jusque là ne comptaient que sur la Serbie et qui croyaient ferme en l'invincibilité de nos armes, avaient été surpris par notre défaite et n'osaient plus se montrer ni devant les Turcs ni devant les exarchistes, ces nouveaux Bulgares. L'institution de l'exarchat, la proclamation de l'indépendance de la Serbie et la défaite de Slivnitsa, avaient rompu tous les liens entre la principauté, plus tard royaume de Serbie, avec la Vieille-Serbie et la Macédoine. L'envoi d'instituteurs et de livres dans ces provinces fut complètement interrompu et ne reprit qu'après 1890.

En terminant son article, Rizoff cherche à insinuer que les autorités turques, sous le régime d'Abdul-Hamid, favorisaient les efforts des Serbes en Vieille-Serbie et en Macédoine. C'est faux. Les autorités turques n'avaient en vue que les intérêts politiques de la Turquie; elles permettaient aux communautés serbes d'ouvrir des écoles a Pechtchévo et à Berovo, sur la frontière bulgare, elles laissaient, par contre, les exarchistes fonder des écoles bulgares à Margantsi, village dans la casah de Préchévo, sur la frontière turco-serbe. Autant elles favorisaient les Serbes, si l'on peut parler de faveurs, autant elles le faisaient, si ce n'est plus, vis-à-vis des exarchistes, pour la raison que la Bulgarie était un Etat vassal du sultan.

Les preuves de Rizoff, que nous avons reproduites ici, et les renseignements que nous avons pu fournir de notre côté, montreront à tout lecteur impartial la valeur des arguments par lesquels les Bulgares défendent la thèse que les Slaves Macédoniens sont Bulgares.

Depuis cinquante ans les Bulgares s'efforcent de faire accepter par l'Europe cet «axiome», comme ils l'appellent, sur les Macédoniens, mais sans succès. Les philologues et les savants européens se sont déjà fait leur opinion sur les Slaves Macédoniens et dès lors tous les écrits répandus par la propagande bulgare doivent forcément rester vains. Malgré cela, les Bulgares ne cessent ni d'écrire ni de se répéter.

III

Au cours des soixante années qui viennent de s'écouler, la question de la Macédoine et des Slaves Macédoniens a été tellement embrouillée par les écrits d'auteurs incompétents et de chauvinistes, tant balkaniques qu'étrangers, qu'elle est devenue plus confuse aujourd'hui qu'elle ne l'était vers le milieu du XIX° siècle. Dans cet imbroglio de thèses contradictoires et d'opinions innombrables, non seulement la Macédoine a perdu ses frontières, mais les Slaves Macédoniens sont devenus un peuple auquel le premier venu se croit en droit d'assigner sa nationalité.

Les auteurs bulgares n'admettent pas qu'il y ait un seul Serbe en Macédoine quoique un tiers des Slaves Macédoniens reconnaissent hautement leur nationalité serbe disant: «Mije smo Srbi, to befme sekagod, a to smo i sega»; (Les gens de Brsjak disent: «Nije (mije) sme Srbi, to smo bilê sekagoš, a to sme i sega»); Les auteurs serbes, de moindre importance, disent que tous les Slaves Macédoniens sont Serbes, quoique nombre d'exarchistes se disent Bulgares, en se servant toutefois du mot serbe «Bougari» et non du mot bulgare «B'lgari» à l'exception des habitants des environs de Kastoria qui disent: «Bolgari». De leur côté, les auteurs grecs ne veulent pas entendre dire que les paysans de Boukovo, de Krstiphore, de Brousnik et d'autres villages des régions de Bitolj, de Lerin, de Vodéna et de Kastoria, soient autre chose que des Héllènes, quoiqu'ils ne sachent pas un mot de grec et n'aient pas d'autres attaches avec la Grèce que leur religion de patriarchistes... Les Roumains, en ce qui les concerne, soutenus par des auteurs comme le professeur Weigand, affirment que tous les Macédoniens qui parlent le «tsintsar» sont des Koutsovalaques (Aroumains) authentiques, quoique eux-mêmes se disent ou Serbes, ou Bulgares, ou Albanais.

Ayant passé un certain nombre d'années en Turquie, je veux essayer d'apporter quelque clarté dans cette question et de renseigner le lecteur sur la Macédoine et les Slaves Macédoniens.[1]

LA SITUATION GEOGRAPHIQUE DE LA MACEDOINE.

L'Etat, la contrée ou la région que l'on traite comme tels, doivent avoir des frontières déterminées. Ces frontières peuvent être politiques, historiques, ethnographiques ou géographiques. Seule la Macédoine n'a point de frontières, celles-ci variant et se multipliant suivant le nombre des auteurs qui entreprennent de les fixer.

D'après les auteurs bulgares, les frontières de la Macédoine englobent tous les territoires entre la Char-Planina et le Rhodope, la mer Egée et les anciennes frontières de la Serbie, s'étendant même, parfois, jusqu'au delà de Vranié. (Jchirkoff: «La Macédoine septentrionale.) En vérité, ils déplacent ses frontières suivant les nécessités du moment.

Les auteurs grecs, surtout les contemporains, refoulent ces frontières au delà de Skoplié, tandis que les nôtres n'y font entrer ni Skoplié, ni Veles, ni Stip, ni Radovichté.

Il est, en effet, difficile de fixer quelques frontières que ce soient à la Macédoine. La raison principale en

[1] J'ai passé huit ans, tant à Skoplié qu'à Bitolj, et à Salonique, en qualité de professeur de géographie, de serbe et d'histoire, dans les lycées, et pendant ce laps de temps j'ai parcouru ces provinces et étudié leurs conditions ethnographiques autant que tout autre (je ne dirai pas plus que tout autre) auteur qui a traité de la Macédoine. C'est là peut être un manque de modestie, mais je ne voudrais pas être exposé à ce que quelque contradicteur me renvoyât l'apostrophe que Rizoff dirigea contre M. Wendel: de quel droit ce monsieur vient-il discuter la question des Slaves Macédoniens puisqu'il n'a même pas vu la Macédoine? *Sv. T.*

est que ce mot même de «Macédoine» était disparu du langage local et n'avait subsisté que dans la littérature, en souvenir d'Alexandre le Grand et de sa Macédoine.

On ne saurait parler des frontières politiques et historiques de la Macédoine car, après Alexandre, celle-ci n'a plus jamais existé comme Etat indépendant. La tentative de Samouïlo (976—1014) de fonder un nouvel empire macédonien n'a survécu à son créateur que pendant quatre ans.

Il est de même difficile de fixer les frontières ethnographiques de la Macédoine. Ce n'est pas une contrée habitée par un peuple homogène. Divers peuples s'y confondent qui ont exercé, au cours des siècles, des influences réciproques les uns sur les autres, de façon que tous ont perdu beaucoup de leurs qualités ethniques primitives. En outre, la population macédonienne est entourée au nord et au nord-ouest par les Serbes, à l'est par les Bulgares, au sud et au sud-ouest par les Grecs, peuples dont chacun est indentique, par le sang et la langue, à certaines parties de la population macédonienne. Da plus, les Grecs ont imposé leur civilisation aux Slaves Macédoniens et tout cela contribue à rendre impossible la fixation des frontières ethnographiques de la Macédoine.

Il ne reste donc qu'à tenter de déterminer ses frontières géographiques, et voici ce que disent les différents auteurs:

K. Iretchek (Histoire du peuple serbe, 1911, t. I p. 30) indique que la Macédoine s'étendait au nord jusqu'à Stobi (actuellement Gradsko, où la Cerna se jette dans le Vardar.

Sur les cartes du commencement du XVIII° siècle, entre la haute et la Basse Mysie se trouve la Dardanie qui comprend les villes d'Ulpiana (Liplian) et Scopeion-Uscobi (Skoplié).[1]

Sur la «Carte itininéraire de l'Europe» de M. Reichard, Weimar 1793, la Bulgarie tient la région entre

[1] Almanach «Vardar» 1908: Les viélles cartes

l'Iscra et la mer Noire, le Danube et les Balkans; la Macédoine commence au sud de Demir Kapu.

Sur les «Cartes historiques de l'Europe» de E. A. Freeman, des années 910, 1000 et 1180, l'inscription «Macédoine» s'étend le long du littoral de la mer Egée, à l'est de Salonique.[1]

Sur la «Carte ethnographique de l'Empire turc» d'Ami-Boué, (Osmanisches Reich) Gotha 1847 l'inscription «Macédoine» se trouve très au sud de Vélès.[2]

Sur la carte de Davidovitch, «Les pays habités par les Serbes», Belgrade, 1848, la Macédoine est indiquée au sud de Demir Kapu.[3]

Sur la carte ethnographique de Mackenzie et d'Irby, Londres, 1867, la Macédoine occupe le hinterland de Salonique.[4]

Sur la carte ethnographique de Reclus, d'après Lejean et Kanitz, Paris, 1875, la Macédoine s'étend d'Ostrovo jusqu'à l'embochure de la Stroumitsa.[5]

Sur la carte ethnographique de la Turquie d'Europe, de Synvet, Constantinople 1877, la Macédoine occupe le hinterland immédiat de Salonique.[6]

Sur la carte de Carl Sax, «Ethnographische Karte de europäischen Turkei, 1877, la Macédoine tient la région de Kastoria à Serrès, sensiblement au sud de Demir Kapu.[7]

M. Cviitch, dans son ouvrage sur la «Situation géographique de la Macédoine et de la Vieille-Serbie» dit: «Depuis que des cartes géographiques d'une facture plus soignée et plus complète sont apparues au XVIme siècle, et jusqu'au XVIIIme siècle, les cartes italiennes de la pesqu'ib des Balkans ont été les plus exactes, puis viennent celles de Mercator et celles des géographes du Roi de France. Sur toutes ces cartes, l'inscription

[1] D. Rizoff: Les Bulgares, Atlas, Berlin 1917. p. 4.
[2] Ibid: p. 26
[3] » p. 28
[4] » p. 38
[5] » p. 42
[6] » p. 46
[7] » p. 48

«Serbie» s'étend sur les régions au sud de la Char-Planina et de Kara-Dagh. Sur la carte du géographe italien Gastoldi, de 1566, la Serbie, outre Kossovo, comprend Skoplié et les régions environnantes. Sur de nombreuses cartes du géographe officiel de la République de Venise, le fameux V. Coronelli, (Corso geografico, 1692) la Serbie s'étend au sud de la Char Planina et de Kara-Dagh. Sur toutes ces cartes, le nom de Skoplié porte généralement l'indication de «Metropolis della Serbia»...

«Sur de nombreuses cartes des atlas renommés de Joh. Bapt. Homann, de la première moitié du XVIIIme siècle, les régions de Skoplié, de Kratovo et de Tchoustendil, sont comprises dans la Serbie et la Macédoine commence sensiblement au sud de Skoplié. Sur les cartes que les héritiers de Homann ont éditées au commencement du XIXme siècle, à Nuremberg (1802, 1804, etc.) la Serbie ne comprend pas seulement les régions de Kossovo et de Novi Bazar, mais aussi celles de Skoplié et de Kratovo»...

«Sur la carte de Fried, éditée à Vienne, les frontières de la Serbie sont de même indiquées jusqu'au sud-est de Tchoustendil. C'est, du reste, la règle dans toutes les cartes soignées où la Serbie est mentionnée et délimitée. Ces exemples que l'on pourrait puiser dans la cartographie ancienne sont très nombreux. On sait aussi que cette notion de l'étendue de la Serbie n'était pas seulement celle des cartographes et des littérateurs, mais qu'elle était généralement admise par les populations de ces contrées qui disaient de leurs pays (Kratovo, Skoplié, Ovtché Polié) que c'étaient des pays serbes.

«Sur un grand nombre de ces cartes, la Macédoine ne commence que depuis les régions au sud des provinces serbes de Skoplié et s'étend le long du Vardar jusqu'à Salonique. *Elle ne comprend donc d'après ces sources, que le cours moyen et inférieur du Vardar, les régions autour des grands lacs de l'ouest, s'étendant à l'est jusqu'à la Strouma et même, sur certaines cartes, jusqu'à la Mesta*[1]

[1] I. Cviïtch: Le Courrier littéraire serbe, XI. 1904 p. 208-12.

Ces exemples montrent que sur toutes les cartes étrangères, la Macédoine forme une province sur le littoral de la mer Egée, qui n'est autre chose qu'un hinterland de Salonique et qui, au nord, ne dépasse pas Demir Kapu. Ce n'est que sur les cartes éditées par les Bulgares que la Macédoine dépasse cette localité pour s'étendre jusqu'aux frontières de la Serbie de 1912. L'inscription «Macédoine» n'y est pas gravée, comme sur toutes les autres cartes, dans la direction de l'ouest à l'est, mais dans celle du nord au sud et ce, le long de tout le cours du Vardar, depuis la Morava de Guilané jusqu'à Salonique.[1]

En tant que géographe, je me suis intéressé aux frontières de la Macédoine et c'est en m'appuyant sur toutes les cartes soignées qui ont paru à l'étranger, de même que sur les observations relatives au climat et à la flore, qui diffèrent sensiblement entre les régions au sud de Démir Kapu et celles de l'Ovtché Polié ou de Skoplié, que je suis arrivé à la conclusion que la Macédoine ne dépasse pas, au nord, Demir Kapu et les chaînes montagneuses à l'est et à l'ouest de cette localité, chaînes qui bordent un vaste hinterland de Salonique. D'après ces constatations, les véritables frontières de la Macédoine toucheraient: *à l'est, la Mesta et Pirine; au nord, Podgora, Bélassitsa, Blagoucha et Démir Kapu; à l'ouest, le grand et le petit Nidjé jusqu'aux lacs d'Ostrovo, de Péter et de Kostour*. C'est dans ces frontières que se trouvent les cités historiques macédoniennes de Aegae (Edessa, Voden) de Pella (le village de Postoë) et de Therma (Salonique). Par suite de la communauté historique et des liens économiques de la Pélagonie et de Salonique, qui sont reliés par la Via Egnatia, les frontières élargies de la Macédoine engloberaient la Pélagonie et les régions autour des grands lacs de Prespa et d'Ochrid.

[1] Rizoff: Les Bulgares, Atlas historique etc. Berlin 1917. p. 6, 8, 10, 12, 14, 16, 18, 20, 22, 25, 56, 60, 70, 72.

Les Slaves Macédoniens, avec les Serbes, les Croates et les Slovènes, constituent la véritable phalange des Slaves du Sud proprement dits. On compte aussi les Bulgares parmi les Slaves du Sud, mais ils se sont formés par l'assimilation des petites tribus yougoslaves qui s'étaient établies entre le Danube et les Balkans avec les tribus d'origine tatare et turque, des Bulgares, des Pétchégnègues, des Koumans et des Tatares.

Les Slaves du Sud ont quitté, aux derniers jours de la grande migration des peuples, la patrie commune de tous les Slaves qui se trouvait dans les provinces de la Russie occidentale et comprenait les régions fertiles entre la Vistule, le Dniester, son affluent la Desna, le cours occidental de la Dvina et les Karpathes.[1] Les uns sont descendus par les Karpathes dans la plaine de la Pannonie, d'autres ont suivi le Pruth et le Dniester vers la mer Noire et le Danube. Dans leur tendance à rejoindre le groupe qui s'était installé en Pannonie et se trouvant contenus par de nombreuses tribus mongoles qui arrivaient de l'est, ces Slaves remontèrent le Danube depuis son embouchure et les côtes de la mer Noire, et une partie d'entre eux arriva en Pannonie, tandis que l'autre traversait le fleuve et s'installait entre les Balkans et le Danube.

D'après les chroniqueurs et les historiens grecs du VIme et du VIIme siècle et d'après Porphyrogénète (950) cette immigration des Slaves dans la presqu'île des Balkans a eu lieu au VIme siècle[2] tandis que Kondakov pense qu'il y a eu dès colonies slaves en Pannonie et dans la presqu'île dès le Vme siècle.[3]

Les Slaves de Pannonie, sous la poussée des Avares et des Obres, quittent cette vallée et une partie d'entre eux va peupler la Carinthie, la Carniole et la Styrie méridionale, d'autres vont plus loin vers le sud-

[1] F. Chichitch, Résumé de l'histoire du peuple croate, Zagreb, 1916, p. 23.
[2] Porphyrogénète, De administrando imperio cap. XXXII.
[3] Kondakov: «La Macédoine» Petrograd 1905. p. 6, 7, 8 et 9.

ouest et occupent l'Istrie, la Bosnie, l Herzégovine et la Dalmatie; le troisième groupe passe la Save et le Danube et colonise la presqu'île des Balkans jusqu'en Thessalie, tandis que certaines colonies passent même le canal de Corinthe. Dès le VIIme et le VIIIme siècles il y avait tant de Slaves dans la presqu'île des Balkans que Porphyrogénète mentionne que les pays grecs s'étaient slavisés et que l'empereur Iraklié (610—640) avait conclu avec les Serbes, l'un des groupes importants des Slaves du Sud, une sorte de traité politique par lequel il leur permettait d'habiter dans les contrées qu'ils avaient colonisées, dans ses Etats, en leur mettant à charge de défendre ses frontières septentrionales contre les Avares.

Les auteurs contemporains, grecs et latins, de même que les auteurs des époques suivantes avaient attribué à tous ces immigrés le nom générique *de Slaves* et à leur pays celui *de Slovénie* (Esclavonie, Esclovénie). La cause en était que les Slaves, quoique divisés en tribus, formaient au point de vue ethnique *un peuple unique*, car, outre ce nom de Slaves qui leur était commun, *ils parlaient la même langue et avaient les mêmes coutumes, la même religion et le même ordre social.* Ils vivaient par tribus et s'occupaient d'agriculture et d'arboriculture. Les chefs de tribu faisaient fonctions de souverains et maintenaient la liaison avec les tribus voisines.[1]

Les immigrés slaves, vu leur supériorité numérique, refoulèrent devant eux les autochtones qu'ils avaient trouvés dans la presqu'île: les Latins vers le littoral de l'Adriatique; les Grecs vers le littoral de la mer Egée; les Illyriens latinisés (les Albanais ou les Skipétars) dans les régions montagneuses entre le grand Drin, la Matia et la Scumba; les Thraces latinisés (les Aroumains ou les Tsintsares) dans le Pinde, et d'autres ré-

[1] Dr. Prokitch: Les origines d'un empire slave en Macédoine. Annales de l'Académie Royale de Serbie, Vol. LXXVI p. 294—297. Il mentionne, d'après des sources grecques, les tribus slaves suivantes en Macédoine: les Bersiatsi, les Dragovitchi, les Sagoudati, les Voïnitchi, les Ronchini, les Stroumiani, et les Smoliani.

gions montagneuses de l'Epire et de la Macédoine. C'est de la sorte que les Slaves restèrent maîtres de toutes les vallées fluviales et de toutes les régions fertiles de la presqu'île, où ils s'organisèrent. Ils reconnaissaient la souveraineté des empereurs de Byzance et menaient une vie paisible d'agriculteurs.

Au cours du VIIme et du VIIIme siècle, on remarquait surtout, parmi les nombreuses tribus yougoslaves, comme désignations politiques, les noms de Serbes et de Croates, les premiers parmi les tribus du centre, les seconds parmi celles des contrées du nord-ouest de la presqu'île. C'est de ce temps aussi que date la fondation, en Macédoine, d'un grand nombre de localités dont le nom avait pour racine «Srb», par exemple: *Srbia* (Srbitsa, Srbtchichté), ville sur la Bistritsa; *Srbtsé*, village près de Bitol; *Srbiani*, village dans l'arrondissement de Kitchévo; *Srbinovo*, village dans la Haute-Djoumaïa; *Serviani*, village dans la Moglénitsa, etc. ce qui constitue une preuve que les tribus slaves qui ont primitivement immigré en Macédoine *étaient nos ancêtres* et que c'étaient des Serbes. Ce nom de «Serbes» les distinguait des autres grandes tribus slaves, tandis que vis-à-vis des peuples étrangers ils conservaient le nom qui leur était commun avec leurs congénères et c'était celui de «Slaves», de même que presque tous les peuples de race germanique (Goths, Vandales Svèves, Alands, Saxons, etc.) ont été pendant logtemps désignés dans la littérature étrangère sous le nom générique de Germains. Le nom de Slaves a été conservé jusqu'à nos jours chez les Slovènes et en Slavonie mais par suite de l'importance que les Serbes et les Croates ont acquise au point de vue politique, ces deux noms sont devenus comme une sorte de piliers autour desquels se sont rangés les groupes de moindre importance. C'est ce qui amena la disparition d'un grand nombre de noms de petites tribus et l'emprise des noms de «Croates» et de «Serbes», principalement de ce dernier, sur des contrées entières.

LES BULGARES

Plusieurs tribus slaves s'étaient installées dès le VIme siècle dans l'étendue entre le Danube et les Balkans, l'Iskra et la mer Noire. Ils vivaient en groupes et reconnaissaient la souveraineté des empereurs de Byzance. Comme tous les immigrés slaves, ils s'occupaient principalement d'agriculture. Au VIIme siècle, — d'après Porphyrogénète en 679, d'après d'autres auteurs en 659 et 660, — la tribu tataro-touranienne (turque) des Bulgares, fit son apparition, venant des côtes septentrionales de la mer Noire et prit aux Byzantins les contrées qui étaient habitées par ces tribus slaves. Les Bulgares formaient une horde organisée au point de vue militaire, sous la conduite du han Asparouch. Leurs premiers campements se trouvaient aux environs de l'embouchure du Danube. Ils s'installèrent ensuite à Pliskovo, près de Choumène, et ce n'est qu'au commencement du IXme siècle qu'ils prirent Preslave pour capitale. Les Bulgares étaient beaucoup moins nombreux que les Slaves, mais en tant que conquérants ils leur imposèrent leur autorité et commencèrent à s'amalgamer et à s'allier avec eux.

Ce procès de soudure entre les nouveaux arrivants bulgares et les tribus slaves a été long, car, outre la différence de races, tout les séparait, et la langue, et les coutumes, et les moeurs, et la religion.

Plus tard arrivèrent d'autres tribus tatares qui s'installèrent près des Bulgares. C'est ainsi que vers le milieu du XIme siècle immigrèrent en Bulgarie deux tribus turques, les Pétchégnègues (1048) et les Koumans (1064). En 1241, la partie septentrionale de notre presqu'île fut submergée par les Tatares, mais ils rebroussèrent chemin ensuite et allèrent s'installer sur le littoral nord de la mer Noire, d'où ils gouvernèrent la Bulgarie en y laissant des colonies.

Les Bulgares contemporains sont le produit de cette fusion des Slaves, des Bulgares, des Pétchégnègues, des Koumans et des Tatares. Ils ont conservé le nom des premiers conquérants bulgares, les caractéristiques physiques des Tatares: un corps trapu et osseux, un visage plat, — et la mentalité mongole faite de fourberie, d'hypocrisie et de cupidité. Les signes caractéristiques slaves qui leur sont restés sont: la langue, — qui a conservé, cependant, quelques traces de la langue turque, — la ténacité et l'ordre social... Les descendants directs de ces premiers Bulgares sont les habitants de la Iantra, dont le centre est à Ternovo et à Choumène.

LE RÈGNE BULGARE ET LE RÈGNE SERBE EN MACÉDOINE

Au cours des cent cinquante premières années de leur séjour dans les Balkans, les Bulgares n'ont pas dépassé leurs frontières primitives. Ils faisaient des incursions de brigandage dans les régions byzantines avoisinantes mais retournaient ensuite de nouveau dans leur pays. Ce n'est que sous Kroum qu'ils se dirigèrent vers l'ouest. En 809, ils conquirent Sofia (Srédats). Sous Boris I (852—888), ils conquirent les régions orientales de la Macédoine et atteignirent le Vardar (861). A l'époque de Vladimir, (888—893) ils ne firent pas de conquêtes, mais sous le tsar Siméon (893—927) ils conquirent toute la Macédoine, presque toute la presqu'île des Balkans, et la Bulgarie parvint à l'apogée de sa puissance et de sa grandeur. Sous le règne du fils de Siméon, Pierre (927—966), la décadance bulgare commença, et sous son successeur, Boris II (966—969), les fils du prince macédonien Nikolitsa s'insurgèrent, chassèrent les Bulgares de la Macédoine et fondèrent un Etat macédonien indépendant. En 971, l'empereur de Byzance Jean Tsimitski conquit la Bulgarie et en 973 il soumit aussi l'Etat macédonien indépendant. En 976, les Slaves Macédoniens s'insurgèrent contre les Byzantins aussi, se libérèrent, et l'un des chefs de l'insurrection, Samuel (976—1014) prit le pouvoir et se proclama empereur. Samuel, placé à la tête d'un Etat jeune et puissant, libéra toute la Macédoine en lui rattachant toutes les tribus serbes jusqu'à Trébigné et arracha toute la Bulgarie aux Byzantins en 986. Quatorze ans plus tard, les Byzantins reprirent la Bulgarie à Samuel et son Etat commença à dépérir.

L'empereur de Byzance, Basile II, vainquit Samuel en 1014. En 1018, la ruine de l'Etat de Samuel fut achevée par la mort de Jean Vladislave, son neveu.

Soutenus par les Koumans, les Bulgares se libérèrent des Byzantins sous Assène I et le tsar bulgare Kaloïan profita, en 1202, des troubles dans les Balkans et de l'attaque des Croisés sur Constantinople pour reconquérir la Macédoine. Le règne bulgare dans ce pays dura jusq'en 1207, année où mourut Kaloïan. A cette époque la Bulgarie fut morcelée et la Macédoine occupée en partie par les Vénitiens qui débouchèrent de Salonique, en partie par les despotes d'Epire. La région autour de Prossek, sur le Vardar moyen, resta environ huit ans au pouvoir du prince Strèze qui se trouvait sous la protection du roi serbe Etienne dit le Premier-Couronné. De 1223 à 1230 toute la Macédoine et toute la Thrace tombèrent au pouvoir du despote d'Epire, Théodore Komnène. Celui-ci fut attaqué par surprise, en 1230, près de Klokotnitsa, — entre Philipople et Andrinople, — par l'empereur bulgare Assène II qui, après l'avoir vaincu, conquit tout le pays depuis Andrinople jusqu'à Durazzo, en passant avec son armée par Skoplié et Ochrid. En souvenir de cette victoire Assène éleva à Ternovo l'église des Quarante-Martyrs, où il fit inscrire qu'avec l'aide de Dieu *il avait conquis les pays grecs, serbes et albanais.* Le règne d'Assène en Macédoine dura jusqu'à 1246.

Le successeur d'Assène, Michel Assène fut vaincu par l'empereur byzantin Jean Vatasse (1246) qui conquit toute la Macédoine et la remit de nouveau sous la souveraineté de Byzance. Sous le règne de l'empereur bulgare, Constantin Assène, petit-fils du roi serbe Némania, comme il s'intitule lui-même, les Bulgares firent irruption en Macédoine qu'ils tinrent de nouveau en leur pouvoir pendant trois ans (1254—1257). *Mais cette époque marqua la rupture définitive de toute union entre la Macédoine et la Bulgarie.*

En ce qui concerne les Slaves du Sud, les Slovènes furent les premiers qui, dans la seconde moitié du VIIme siècle, érigèrent un petit Etat distinct à la tête duquel ils placèrent des princes nationaux, puis les Croates formèrent un Etat fort et organisé du VIIIme au XIme siècle, tandis que la première tentative pour former un Etat parmi ceux des Slaves du Sud qui portaient le nom de Serbes avait lieu au IXme siècle... L'Etat slovène disparut assez vite, la Croatie se maintint jusqu'en 1102 sous les rois issus de la nation, et l'Etat serbe ne commança à progresser qu'à cette époque.

Etienne Némania accomplit l'union en un Etat des tribus serbes du littoral et des montagnes et posa les fondations du puissant Etat serbe des Némanitch. Il fut le premier qui prit aux Byzantins la vallée de la Morava et, vers le sud, parvint jusqu'à Skoplié. Cette ville fut reprise par les Byzantins, tandis qu'il conservait Ravno (Tchoupria), Nich, Leskovats, Doubotchitsa et Vranié. Sous la protection d'Etienne, fils de Némania, Strèze gouverna les pays du Vardar moyen de 1207 à 1215. Le roi Ouroch, fils d'Etienne, tint Skoplié, Kitchévo et Prilep, de 1258 à 1261, année où les Grecs reprirent de nouveau ces régions. Le successeur du roi Ouroch, le roi Miloutine, s'adonna à la conquête systématique de la Macédoine et à la réunion des tribus serbes en un Etat. En 1282 il reprit aux Grecs Skoplié, les deux Pologs, Ovtché Polié, Zlétovo et Pianats (Tsarévo Selo); l'année suivante il conquit tout le pays jusqu'à Ser (Serrès) et Moronats (actuellement Cavalla) et parvint aux confins du Mont Athos; puis il conquit les régions du Poretch, de Kitchévo et de Debar. Après lui, Etienne Détchanski conquit la puissante forteresse de Prossek, (dans la région de Demir Kapu) sur le Vardar, et Douchan, dans les premiers temps de son règne, acheva la conquête de la Macédoine, à l'exception de Salonique et de la Chalcidique, et libéra toutes les tribus serbes macédoniennes de la domination grecque.

Sous le règne de Douchan le régime féodal se développa dans toute sa plénitude. Afin de séparer les nobles du peuple et de diminuer leur influence immédiate sur les diverses régions, Douchan les attira à sa cour, (le roi Voukachine, le prince Lazare, etc.) leur conféra de hauts titres de dignitaires de la cour, (logotet, sévastocrator, césar, voïvode, prince et autres) et les retint auprès de soi. Il leur octroya de même des régions à titre de domaines héréditaires et c'est ainsi qu'au sud de la Char-Planina furent créées les provinces suivantes: celle du roi Voukachine qui comprenait Skoplié et Prilep; celle des frères Déianovitch, comprenant Koumanovo, Kratovo et Velboujd (Tchoustendil); celle de Jean Oliver, comprenant l'Ovtché Polié avec Zlétovo et Pianats; celle du voïvode Bogdan, entre Salonique et Serrès, celle du despote Ougliécha, entre Serrès, Cavalla et Drama, et enfin celle du tsar Siméon qui englobait la Thessalie et l'Epire.

La noblesse déserta la cour, après la mort de Douchan, son faible héritier Ouroch ne s'étant pas trouvé de taille à la tenir en respect comme l'avait fait Douchan. Chacun de ces nobles rejoignit ses provinces.

Jusqu'à la bataille de la Maritsa (1371) toute la noblesse reconnaissait la souveraineté du tsar Ouroch. Après cette bataille, le roi Marko (connu sous le nom de Kraliévitch Marko), et les autres gouverneurs de la Macédoine devinrent des vassaux turcs. En 1394, le prince Marko et Constantin Déianovitch tombèrent à la bataille de Roviné, mais jusqu'en 1413 on mentionné que le voïvode Bogdan régnait dans ses provinces.

D'après ces deux résumés historiques on peut fixer la durée des règnes serbe et bulgare en Macédoine de la façon suivante:

Les Bulgares.

Sous l'empereur	Boris I	de	861— 888 — 27 ans.
» »	Vladimir	»	888— 893 — 5 »
» »	Siméon	»	893— 927 — 34 »
» »	Pierre	»	927— 966 — 39 »
» »	Boris II	»	966— 969 — 3 »
» »	Kaloïan	»	1202—1207 — 5 »
» »	Assène II . . .	»	1230—1246 — 16 »
» »	Constantin Assène	»	1254—1247 — 3 »
			au total 132 ans.

Les Serbes.

Sous le roi Miloutine	de 1282—1321 — 39	ans.
» » » Etienne Détchanski .	» 1321—1331 — 10	»
» » » et empereur Douchan .	» 1331—1355 — 24	»
» » » Voukachine	» 1355—1371 — 16	»
» » » Marko vassal turc . . .	» 1371—1394 — 23	»
» » voïvode Bogdan vassal turc	» 1282—1321 — 39	»
	au total 131	ans.

Si l'on prend en considération que Strèze, parent de Kaloïan, était boyard bulgare et si l'on met son règne au compte des Bulgares, quoiqu'il eût joui de la protection d'un souverain serbe, on obtient 140 ans de règne, en Macédoine, pour les Bulgares, et 131 pour les Serbes.

Le règne de Samuel, de 976 à 1014 et de ses successeurs, de 1014 à 1018, au total 42 ans, ne peut être attribué ni aux uns ni aux autres, les Slaves Macédoniens ayant eux-mêmes formé, à la suite d'une insurrection, un Etat indépendant qui conserva cette qualité jusqu'à sa disparition. Cet Etat macédonien tirait même son origine d'une insurrection dirigée contre la domination des Bulgares et ne fut réalisé qu'après l'expulsion du pays de ces derniers. Après une vie nationale assez trouble de quatre ans, (969—973) la Macédoine fut conquise par les Grecs, mais les insurgés la libérèrent de nouveau en 976 et posèrent les fondations de l'Etat de Samuel dont les centres se trouvaient à Prespa et à Ochrid et qui parvint à s'adjoindre la Bulgarie et toutes les tribus serbes jusqu' à Trebinié et Zahoumlié.

L'INFLUENCE RESPECTIVE DES RÈGNES SERBE ET BULGARE SUR LES SLAVES MACÉDONIENS ET LES VESTIGES DE LEUR CIVILISATION.

Il a été établi, dans le chapitre précédent que les Bulgares ont régné en Macédoine à deux reprises, pendant une durée totale de 140 ans. Ils s'imposèrent aux Macédoniens en conquérants et gouvernèrent le pays comme tels. Les Bulgares et les Macédoniens ne forment pas une même branche ethnique, comme c'est le cas pour les Serbes et les Macédoniens. Les Bulgares ne se rapprochent des Macédoniens et des Serbes qu'autant qu'ils se sont slavisés par l'influence des tribus slaves qu'ils avaient soumises. Ils représentaient pour les Macédoniens un élément complètement étranger, surtout dans la première période de leur règne, alors que leurs moeurs et leur caractère portaient beaucoup plus l'empreinte de leurs origines turque et mongole que ce ne fut le cas plus tard.

La première période du règne bulgare dura 108 ans (861—969) et fut plus longue que la seconde. Les Bulgares se trouvaient alors à un niveau intellectuel plus bas que les Slaves Macédoniens qui se trouvaient depuis deux siècles sous la domination de Byzance et qui avaient été influencés par sa civilisation. En tant que conquérants, les Bulgares introduisirent leurs fonctionnaires dans l'administration et de petites colonies dans les villes, mais ce ne fut pas suffisant pour qu'ils eussent pu exercer une influence ethnique quelconque sur la masse slave. Il n'y avait point d'écoles et le christianisme était de date plus ancienne chez les Slaves Macédoniens que chez eux, de sorte qu'ils ne purent mettre à profit ni l'instruction publique ni l'église. Il est à remarquer que les disciples de Cyrille et de Méthode, à leur retour de Moravie, n'allèrent point se fixer en Bulgarie mais au centre et dans l'ouest de la presqu'île balkanique, parmi les Slaves purs qui y habitaient. La raison probable en est que la langue officielle de l'Etat bulgare de cette époque était inaccessible à ces apôtres du christianisme: c'était une langue turque. La cour bulgare, le gouvernement et les boïards se sentaient étrangers en Macédoine et c'est pourquoi ils ne se décidèrent jamais à en rapprocher leur capitale ou à l'y transférer. Ils gouvernaient la Macédoine comme tous les autres pays conquis et le peuple se sentait dominé par des étrangers autant que pendant la domination byzantine.

La seconde période du règne bulgare en Macédoine tombe dans la première moitié du XIIIme siècle et a duré 32 ans avec de courtes interruptions. La Bulgarie était alors un peu plus avancée au point de vue de la civilisation et l'assimilation des tribus bulgares, des Pétchégnègues et des Koumans aux Slaves, était un fait accompli. Si cette période du règne bulgare avait été plus longue et la situation dans la presqu'île balkanique plus stable (les Croisades et la fondation de l'empire latin), peut-être les Bulgares eussent-ils pu avoir tant soit peu d'influence ethnique sur les Slaves Macédoniens. Mais, rien ne leur ayant réussi et leur capitale étant restée à Ternovo, loin de la Macédoine, leur second règne ne laissa de même aucune trace ni dans le pays ni dans le peuple.

Le règne serbe en Macédoine a duré 131 ans, un peu moins que le règne bulgare, mais il fut inintertompu. En réalité, l'Etat serbe du moyen âge avait été formé par les Slaves qui étaient, comme l'indique Porphyrogénète, remontés, au VIIIme siècle, de la mer Egée, de Thessalie et de Macédoine vers le nord, pour des raisons économiques et politiques (le climat était différent, ce qui les obligeait à changer leurs habitudes, et de plus, les Slaves cherchaient à éviter de tomber sous l'autorité d'un Etat étranger, et tenaient, par-dessus tout à leur vie patriarcale de tribu). Cependant, entre les Slaves qui étaient restés en Macédoine et ceux qui étaient retournés dans les parages du nord, le contact ne fut pas interrompu.

C'est parmi les tribus des montagnès que le mouvement pour le groupement et la fondation d'un Etat se manifesta tout d'abord, les entraves de l'autorité byzantine leur pesant de plus en plus, et vers le commencement du IXme siècle les tribus serbes installées près des sources de la Piva, de la Tara, du Lim et de l'Ibar, s'unirent et posèrent les fondations de l'Etat serbe des Némanitch.

Némania, ses fils et ses petits-fils, attirèrent à eux les autres tribus avoisinantes et organisèrent leur Etat. Némania posa le christianisme sur des bases solides, édifia des églises et des monastères; Etienne, dit le Premier-Couronné, transforma la joupanie en royaume;

Saint Sava fonda des écoles et l'Eglise nationale; le roi Ouroch le gendre des Anjous, par ses relations d'amitié, sa richesse et sa sage direction, donna au royaume de Rachka une situation internationale et devint lui-même arbitre dans les conflits entre les souverains balkaniques ses voisins. Dans leurs conquêtes, les souverains du jeune royaume de Rachka ne s'appuyaient pas tant sur leur propre puissance que sur l'affinité de race et les sympathies des populations qu'ils réunissaient à leur Etat. C'est pour cela qu'ils purent étendre leurs territoires sans coup férir d'abord dans la vallée de la Morava puis dans celle du Vardar. Le roi Miloutine, le plus intelligent de tous les Némanitch, riche, cultivé, libéra la plus grande part des Slaves Macédoniens de la domination grecque et n'entra pas en Macédoine comme conquérant mais comme frère de race et libérateur. Il transféra le siège du gouvernement à Skoplié et exerça une grande influence sur ses congénères au moyen de l'instruction et de la culture. Il édifia des églises, des monastères et des hôpitaux, fortifia les cités, conclut des traités de commerce avec les Vénitiens, autorisa les commerçants de Raguse et de Cattaro à trafiquer librement dans le royaume et développa l'industrie minière. Il prit pour fonctionnaires des gens du peuple, forma une noblesse nationale et toute la nation se sentit libre chez soi. *Entre le peuple de la Rachka qui était le libérateur, et les Macédoniens libérés, il n'y avait absolument aucune différence de traitement.* De plus, tout était fait pour les identifier, et la langue et la religion et les moeurs.

Le tsar Douchan acheva la libération des Slaves Macédoniens; outre Skoplié, il fit de Serrès aussi une capitale. Il convoqua des Diètes dans ces deux villes et fit même siéger la dernière à Kroupichté, près de Kostour, ce qui prouve que la population de ces contrées était au point de vue ethnique identique à celle de la Rachka. Si les populations slaves de la Macédoine qui représentaient à cette époque les $4/5$ de la population totale du pays avaient été aussi étrangères pour les souverains serbes que pour les souverains bulgares, les premiers n'auraient ni érigé leurs capitales ni convoqué leurs Diètes au milieu d'elles et encore moins auraient-ils fait de la Macédoine le centre de leurs Etats. Les Bulgares maintiennent leurs capitales à Preslave et à Ternovo et se tiennent éloignés de la Macédoine pendant toute leur occupation; par contre, les souverains serbes quittent la Rachka et Kossovo, leur pays d'origine et transfèrent tout en Macédoine. La question se pose s'ils eussent agi de la sorte si les Slaves Macédoniens n'avaient pas été au point de vue ethnique identiques à leur peuple et à eux-mêmes, d'autant plus que Douchan n'a jamais tenu aucune Diète à Durazzo ou quelque part en Epire, quoique ces territoires lui eussent appartenu.

Pendant le règne d'Ouroch, l'Etat de son père se disloqua et la noblesse entreprit de gouverner les provinces presque indépendamment, chaque particulier conservant cependant le caractère national serbe dans son gouvernement. Les chroniqueurs contemporains appellent les armées du roi Voukachine et du despote Ougliécha, qui se battirent à la Maritsa, contre les Turcs, en 1371, «les armées serbes» et la contrée où ces armées furent défaites, près de Tchernomène, conserve encore son nom de «Sirf-Sindughi» — défaite serbe.[1]

Après la mort du despote Ougliécha, sa veuve, Euphémie, soeur du césar Voïhna, prit le voile et, quoique son mari eut régné sur le pays situé entre Salonique et Serrès, elle confectionna un linceul pour le cercueil du prince Lazare et un rideau pour l'autel du monastère de Hilendar; dans les inscriptions de ces pieuses reliques elle exprime la douleur qu'elle éprouve, en dame serbe, pour le sort du prince Lazare et du peuple serbe ruiné. (Ces documents anciens existent encore de nos jours).

Les Bulgares n'ont laissé en Macédoine aucune trace d'une civilisation quelconque. On n'y a jamais retrouvé, et nulle part il n'est fait mention qu'il y eût

[1] N. Iorga, professeur à l'Université de Bucarest: «Histoire de l'Empire ottoman, tome I, chap. IV, p. 241.

jamais existé des monuments ou des inscriptions d'un caractère tant soit peu bulgare, cependant qu'en Bulgarie, et principalement aux environs de Ternovo et de Preslavé, il existe des traces de l'archéologie bulgare depuis les premiers temps de leur arrivée dans les Balkans. Tout explorateur sérieux doit s'arrêter devant ce fait et se demander comment, après 140 ans de règne, les Bulgares ont pu ne laisser aucune trace de leur passage en Macédoine, et quel a pu être, en conséquence, le caractère de ce règne. Il est notoire que tous les peuples mongols ont détruit, pillé et dévasté les pays où ils sont passés, mais qu'ils n'ont jamais été des créateurs. C'étaient des peuplades nomades, militairement organisées, qui entreprenaient des expéditions dont le butin était le but unique et qui n'apportaient aux vaincus que les maux et les souffrances. Elles ressemblaient à l'ouragan qui ne laisse derrière lui que des ruines; il ne reste rien à conserver, mais à réparer, et le temps efface le souvenir de ces horreurs. Ce n'est qu'ainsi qu'on peut se représenter le règne bulgare en Macédoine.

Les monuments de la civilisation serbe abondent en Vieille-Serbie et en Macédoine. Kondakov, de même que tous les autres archéologues qui ont exploré la Macédoine, affirme qu'à ce point de vue elle est un pays purement serbe. Les églises et les monastères, les fondations pieuses des souverains serbes, ont embelli et la Vieille-Serbie et la Macédoine. Les inscriptions sur les monastères, sur les monuments funéraires et sur les icônes, de même que les parchemins et les manuscrits, sont en tous points serbes et portent un caractère serbe. Parmi tant d'autres, les trois monuments de l'art serbe: l'église Gratchanitsa, à Kossovo, celle de Nagoritchino, près de Koumanovo, et le monastère de Hilendar, au Mont-Athos, représentent, comme dit Kondakov, des chef-d'oeuvre de l'architecture. Un connaisseur de la Macédoine et de la Vieille-Serbie y trouvera à chaque pas de ces témoins de l'oeuvre civilisatrice de la Serbie des Némanitch. A Skoplié et dans les environs il y a plus de trente églises et monastères qui datent de cette époque.[1]

En outre, on retrouve, de tous côtés, en Macédoine, des traces d'exploitations minières de ce temps (Berskovo, Treptcha, Novo Brdo, les mines de Kratovo), les ruines des châteaux, les pâturages, de même que de nombreux manuscrits, des brevets et des parchemins. Cette époque nous a laissé aussi toute une littérature: les oeuvres de Saint Sava, d'Etienne dit le Premier-Couronne, de Domentian, de Théodossié, de l'archevêque Daniel, puis le célèbre Code de Douchan qui limitait jusqu'à l'autorité du souverain et protégeait même les serfs. Tout cela prouve que l'Etat serbe de cette époque était un Etat civilisé et légalement constitué. *Les Bulgares n'ont laissé rien de semblable en Macédoine.*

[1] A Scoplié: Saint-Georges, sur la rivière de Sérava (actuellement la mosquée d'Aladja), Saint Constantin, dans la citadelle, en ruines; Saint Dimitri, élevée par le roi Miloutine; Saint Archange Michel (actuellement la mosquée d'Isa bey) et l'église de la Sainte Vierge, élevés par Douchan.

Dans les environs de Scoplié: Saint Nikita, à Gorgnani, élevée par le roi Miloutine; Saint Archange, à Koutchévichté, élevée par le roi Ouroch et la reine Hélène, Saint Georges, à Lioubotène, élevée par la soeur de Douchan; le monastère Matéitch, près de Boulatchani, élevé par Douchan et Ouroch; l'église de Saint Nicolas à Koutchévichté, élevée par le voïvode Stéphane; le monastère de Marko, élevé par le prince Marko; Saint André, sur la Treska, près de Chichévo, élevé par Marko et André, fils du roi Voukachine, etc. etc.

Je citerai encore quelques églises serbes en Vieille-Serbie et en Macédoine: Le monastère de Saint Ioakim Ossogovsky, près de Kriva Palanka; celui de Nagoritchino, de Saint Constantin, à Stip (en ruines) de Trescavats, de Hilendar, tous élevés par le roi Miloutine. Saint Spas, près de Tchoustendil, élevé par Etienne Détchansky; Sainte Vierge, à Tetovo, (en ruines) et Saint Jean le Précurseur près de Serrès, de même que Zerza, près de Prilep, élevés par Douchan; le monastère de Lesnovsky, près de Kratovo, élevé par le voïvode Jean Oliver; le monastère du Saint Archange, près de Prilep, élevé par le roi Voukachine et le prince Marko; le monastère de Léchak, près de Tétovo, élevé par le prince Lazare etc. etc.

L'ÈRE TURQUE EN MACÉDOINE ET LES SERBES

Les Turcs ont ravi la Macédoine aux Serbes. Après la défaite de la Maritsa, en 1371, les souverains serbes devinrent des vassaux turcs et la Macédoine un pays vassal. A la mort du prince Marko et de Constantin Déianovitch, en 1394, et du voïvode Bogdan, en 1413, elle passa complètement aux mains des conquérants et devint une province turque.

Les Turcs gouvernaient le pays par l'intermédiaire de gens sûrs qu'ils y installaient. Chez eux, la nationalité n'existait pas; c'était la religion qui maintenait la cohésion dans la communauté. Les pouvoirs publics ne combattaient pas la religion des vaincus, mais ceux qui se convertissaient, bon gré, mal gré, à l'Islam, étaient immédiatement considérés comme Turcs et jouissaient des mêmes droits que les conquérants. C'est pourquoi de nombreux chrétiens se convertirent, en effet, à l'Islam.[1]

Le clergé national protégeait le peuple et les églises devinrent l'unique abri des chrétiens. Les autorités turques n'autorisaient ni la construction de nouvelles églises ni la réparation des anciennes et c'est pourquoi un grand nombre de ces dernières tombèrent de vétusté au cours du temps.

Le régime turc devint particulièrement pesant lorsque le clergé national disparut. Le Phanar grec et ses prêtres corrompus n'étaient pas plus supportables pour les masses populaires que les Turcs eux-mêmes et c'était spécialement le cas pour les contrées slaves qui avaient été continuellement soumises au Patriarcat grec, comme la Bulgarie.

Les Serbes avaient été un peu mieux départagés à ce point de vue. Après la perte de l'indépendance politique, ils avaient conservé les Patriarcats d'Ochrid et d'Ipek. Ce dernier fut supprimé en 1459, à la chute du despote, et ses diocèses furent réunis au Patriarcat

[1] C'est en Bosnie-Herzégovine que le plus grand nombre de Serbes abjura la religion chrétienne.

d'Ochrid. Mais il fut rétabli en 1557, sous le Patriarche Makarie; le peuple reprit des forces et dès la fin du XVIme siècle il s'insurgea contre les Turcs. Ceux-ci étouffèrent l'insurrection. Ils firent écorcher vif l'évêque Théodore qui en était l'instigateur et déportèrent le patriarche Jean à Constantinople, où il mourut en 1614. Ils transportèrent aussi les restes de Saint Sava de Milochévo au Vratchar, près de Belgrade, où ils les brulèrent démonstrativement le 27 avril 1594.

Au XVIIme siècle, les insurrections se renouvellent. Les patriarches eux-mêmes se mettent à la tête des mouvements et conduisent le peuple.

Après la défaite turque, sous Vienne, en 1683, l'armée autrichienne poursuivit les Turcs vers le sud. Les insurgés serbes, précédant l'armée, parvinrent jusqu'à Skoplié qu'ils prirent en 1689. L'insurrection s'étendit alors sur tous les pays serbes au nord de la Char-Planina. A la tête de ce mouvement se trouvaient le patriarche Arsène III Tcharnoïévitch et le despote Georges Brankovitch, mais, de même que les insurrections précédentes, celle-ci n'eut pas de succès. Le patriarche Arsène quitta Ipek en 1690 et émigra en Autriche avec plus de 37.000 familles. Avec lui émigrait aussi Jean de Monastir,[1] ce qui indique que le mouvement d'émigration s'était étendu aux régions de Prilep, de Bitol et d'Ochrid. Ce mouvement se renouvela en 1737 sous le patriarche Arsène IV Yovanovitch qui, de même à la suite d'une insurrection, passa en Autriche avec plus de 80.000 personnes.

Le réveil de la conscience nationale chez les Serbes et les révoltes fréquentes inquiétaient les Turcs, et, influencé par les fausses allégations du patriarche de Constantinople Samuel I. qui en rejetait la responsabilité sur les patriarches d'Ipek et les archevêques d'Ochrid, le sultan *supprima le Patriarcat d'Ipek en 1766 et l'archevêché d'Ochrid en 1767* en soumettant tous leurs dio-

[1] En 1691 celui-ci devint voïvode du peuple serbe en Autriche.

cèses au Patriarcat de Constantinople. Par ces faits, le peuple serbe resta sans chefs spirituels et tomba sous la coupe des autorités turques et du clergé grec. C'est à partir de cette époque que commença pour le peuple serbe l'ère des persécutions que les Bulgares connurent depuis les premiers jours de leur assujétissement jusqu'à l'institution de l'exarchat.

Vers la fin du XVIIIme siècle, l'Autriche fut en guerre avec la Turquie. Les Serbes d'Autriche formèrent un corps de volontaires sous le commandement de Mihaliévitch et du capitaine Kotcha (la compagne de Kotcha), qui organisèrent leurs hommes et se joignirent aux Autrichiens contre les Turcs. Mais la Turquie vainquit l'Autriche. Le capitaine Kotcha perdit la plupart de ses soldats, puis, blessé et cerné, il fut fait prisonnier avec 60 de ses compagnons que les Turcs emmenèrent avec lui à Kladovo où ils leur firent subir, à tous, le supplice du pal. Parmi ces volontaires il y avait beaucoup de Serbes de Macédoine; on en comptait neuf parmi les officiers.[1]

L'insurrection de Karageorges (1804) ne fut pas seulement une révolte de la Serbie centrale contre les Turcs, mais une insurrection générale du peuple serbe. Les forêts de la Choumadia recélaient à cette époque tous les champions de l'idée serbe. Tant par le nombre de ceux qui s'y étaient arrêtés au cours des émigrations sous les patriarches, tant par celui des volontaires qui étaient revenus d'Autriche, la Choumadia comptait vers la fin du XVIIIme et le commencement du XIXme siècle, une quantité considérable de Serbes de différentes contrées et chacun d'eux tendait à se

[1] Dr. Tih. Georgévitch: Le règne serbe en Macédoine, dans le Supplément Littéraire du «Journal Officiel» № 9 p. 13, 1918 cite:
les capitaines: Vlaïko Stoïanovitch, de Léounovo, dép. de Tétovo; Deli Georges Nicolaïévitch de Bélé Vodé, dép. de Prilep; Kouzman Jikitch, de Mavrovo, dép. de Tétovo.
les lieutenants: Miloch Kraïévitch de Mavrovo, Iovan Nicolaïévitch-Tschardakli, de Léounovo.
les sous-lieutenants: Trifoune Tanassiévitch de Débar, Voutschko Jikitch de Mavrovo, Trifoune Terpkovitch de Débar.

mettre à la tête d'une armée pour libérér son pays. Haïdouk Velko, originaire de la Serbie orientale, se jetait vers Vidinė; les frères Jikitch, capitaines, originaires de Mavrovo, Janko Popovitch d'Ochrid, Marko Kostitch de Drinkol, s'efforçaient, avec Miloïé Petrovitch et Sindjélitch d'atteindre Skoplié et la Macédoine par Nich; Karageorges va par Siénitsa dans la direction de Novi Bazar et de Kossovo, tandis que les voïvodes de la région de la Drina, Potsérats, Tcharapitch, Tchoupitch et Bogitchévitch, passaient en Bosnie.

Le prince Miloch, après l'insurrection de Takovo, en 1915, réorganisa l'armée, continua l'oeuvre de Karageorges et restaura la Serbie que celui-ci avait créée. Ne se fiant pas exclusivement à ses propres forces, il comptait beaucoup plus sur la politique et sur les négociations que sur la guerre. Dans ces circonstances, les Serbes de Vieille-Serbie et de Macédoine lui rendirent des services importants, un grand nombre d'entre eux ayant eu l'occasion d'apprendre le turc.

Par un firman du sultan, de 1833, la Serbie obtint l'autonomie et des frontières fixes. Elle devint un État, il est vrai vassal, mais un Etat dont on tenait compte en Europe. Les Serbes qui vivaient au dehors de la Serbie se sentirent plus forts et plus sûrs car il existait dorénavant un asile et pour ceux qui voulaient se soustraire aux persécutions et pour ceux qui cherchaient du travail.

Le gouvernement serbe, préoccupé d'organiser le nouvel État et d'apporter de l'ordre dans la situation intérieure, ne rompit cependant pas les relations avec les Serbes des contrées les plus éloignées quoiqu'ils eussent été séparés par des frontières politiques. De même que l'idée serbe était renforcée en Bosnie-Herzégovine, de même elle prenait un nouvel essor en Vieille-Serbie et en Macédoine. Les vieilles écoles des monastères furent rouvertes et de nouvelles écoles furent fondées.[1] On y envoyait des instituteurs et des livres. Les souve-

[1] A Skoplié, à Tétovo, à Koumanovo, à Kriva Palanka, à Prilep, à Ochrid et à Véles.

rains serbes, de leur côté, soutinrent les églises et les écoles.[1]

Les autorités turques n'avaient jamais eu de sympathie pour les Serbes qu'elles considéraient comme des adversaires et des rebelles. Leur haine s'accrut après la première insurrection, les Serbes ayant été les premiers à se lever contre le sultan et à entamer son empire, ce qui pouvait facilement devenir un exemple contagieux pour les autres peuples asservis. Ce fut la note dominante dans les rapports entre les Serbes et les Turcs pendant tout le XIX me siècle, et c'est pourquoi chaque succès de la Serbie diminuait les privilèges des Serbes de Vieille-Serbie et de Macédoine.

L'institution de l'exarchat apporta une grande confusion dans la population slave de ces pays. Jusqu'à ce moment toute cette population avait été serbe de sentiments, car tout la rattachait à la Serbie, et l'histoire, et les traditions, et les innombrables monuments historiques, de même que l'art, la littérature, les relations commerciales et les liens du sang. Toute la vie des Macédoniens et des Serbes, à travers l'histoire, avait des racines communes et inséparables. Les populations de Vieille-Serbie et de Macédoine considéraient la Serbie comme une partie libérée de la patrie commune. Ils y étaient accueillis en nationaux, tant par les autorités que par les habitants, et jouissaient de tous les droits; dans le Code civil de 1840 on avait introduit le § 44 qui stipulait que les immigrés de Vieille-Serbie et de Macédoine obtiendraient la naturalisation même s'ils n'ont pas été licenciés de la sujétion turque. Plus tard, dans le rescrit du prince BJ№ 71, il était or-

[1] Le prince Miloch donna, en 1836, une cloche au monastère de Lesnovo, près de Kratovo, et son frère Yevrem en donna une autre au monastère de Treskavats, près de Prilep. Le prince Alexandre Karageorgévitch, avec ses fils, Pierre et André, fit don de deux cloches, en 1848, au monastère de Saint-Jean Bigorski, près de Debar. A ce même monastère, le prince Miloch donna une cloche en 1860. En 1862, le prince Michel fit don de 200 ducats à la ville de Tétovo pour la fondation d'une école. La ville fonda, en effet, une école qui existe encore de nos jours.

donné aux autorités de ne pas exiger la naturalisation des Serbes de Vieille-Serbie, de Macédoine, du Monténégro, de Bosnie-Herzégovine, de Syrmie et de Dalmatie, de même que de toutes les autres contrées serbes, mais de les considérer de prime abord comme des nationaux.[1]

Tous ces gens se sentaient comme chez eux en Serbie. C'étaient particulièrement des artisans; il y avait parmi eux des boulangers, des entrepreneurs, des aubergistes, des laitiers, des commerçants, des fonctionnaires, et nulle part ils ne passaient pour un élément étranger, pas plus qu'ils n'étaient obligés de former des groupes distincts comme en Bulgarie. Personne ne faisait une différence entre un immigré de Macédoine et un autre de Kossovo, de Bosnie ou d'Herzégovine; ils étaient, tous, en tous points égaux aux citoyens de Belgrade et de la Choumadia.

L'expulsion des Turcs citadins, en 1867, l'institution de l'exarchat bulgare en 1870 et la guerre turco-serbe de 1876-78, marquèrent la rupture de presque toutes ces relations entre la Serbie et la Macédoine. Sous la pression de la diplomatie russe, les Turcs favorisaient les Bulgares et le développement de l'exarchat, de même qu'ils persécutaient les instituteurs serbes pour les raisons ci-dessus énumérées et faisaient fermer les écoles serbes. A la veille de la guerre de

[1] A l'entretien qui eut lieu au village de Goloubinié, près de Poretch, le 1 octobre 1808, entre les délégués serbes et turcs, les premiers étant représentés par le métropolite de Belgrade, Léontié, par K. K. Rodofinikine qui assistait à titre de voïvode serbe et par Etienne V. Jivkovitch, les seconds par le métropolite de Vidine, Dionissié, et les gens de Moulah pacha, ces derniers proposèrent aux Serbes, au nom du sultan, de se réconcilier avec la Porte qui leur accorderait dans ce cas des privilèges beaucoup plus considérables que s'ils insistaient à traiter par l'intermédiaire d'une puissance garante, la Russie ou la France. Les délégués serbes répondirent: »*Le peuple serbe accepterait difficilement de déposer les armes, aujourd'hui qu'il compte 80.000 soldats, avant d'avoir libéré tout son ancien Etat avec les forteresses de Soko, de Skoplié et les autres.*» (St. Novakovitch: «La Résurrection de l'Etat serbe», Belgrade, 1804. p. 91).

1876, les Serbes possédaient 80 écoles en Vieille-Serbie et en Macédoine; après la guerre, les Turcs n'en laissèrent subsister aucune.

Après la proclamation de son indépendance (1878), la Serbie ne renoua point, pendant une dizaine d'années, les relations avec la Macédoine. Ce n'est qu'en 1887 qu'elle fut autorisée à ouvrir des consulats à Skoplié et à Salonique et l'on constata immédiatement une certaine animation parmiles populations de ces régions qui commencèrent à répudier l'exarchat et à demander des écoles serbes. Cependant, les Serbes n'ayant pas pu instituer leur Eglise nationale en Turquie et étant restés dépendants du patriarcat de Constantinople, c'étaient les métropolites grecs qui devaient appuyer, auprès des autorités turques, les demandes d'autorisation pour l'ouverture des écoles, ce qui faisait traîner les affaires et rendait la réussite excessivement difficile, surtout dans les localités où l'exarchat s'était affermi.[1]

L'éveil du sentiment national serbe en Vieille-Serbie et en Macédoine devait son essor rapide principalement au fait que le patriarcat de Constantinople avait fini par consentir à nommer, comme métropolites, à Prizrène le Serbe Dionissié, à Skoplié le Serbe Firmilian, et dans l'évêché de Vélès—Debar le Grec Policarpe qui avait été élevé dans des collèges serbes. La révolution turque de 1908 trouva les Serbes bien organisés. L'année suivante ils tinrent une assemblée

[1] En 1891, il y avait environ 110 écoles serbes dans les vilayets de Kossovo, de Bitol et de Salonique, avec 130 instituteurs. Outre le séminaire de Prizrène, des lycées furent institués en 1893 à Skoplié et à Salonique et en 1897 à Bitol. Plus tard, des écoles civiles à deux classes furent fondées à Veles, à Prilep et à Koumanovo; des écoles supérieures de jeunes filles à Skoplié, à Salonique et à Bitol et une école d'instituteurs pour hommes et femmes à Skoplié. Après 1900, des écoles primaires furent ouvertes de tous côtés; en 1904, leur nombre dépassait 300 avec plus de 400 instituteurs. Une imprimerie serbe existait à Constantinople et fournissait les livres de classe, de même qu'elle éditait un journal serbe «Le Courrier de Constantinople». En 1908, un autre journal serbe «Le Vardar», commença à paraître à Skoplié.

nationale à Skoplié; ils eurent de même deux représentants à l'assemblée turque et un au Sénat. C'était le point de développement qu'ils avaient atteint jusqu'en 1912, année qui apporta la liberté à la Vieille-Serbie et à la Macédoine.

LES BULGARES ET LEUR PROPAGANDE EN MACÉDOINE ET EN VIEILLE-SERBIE MÉRIDIONALE.

Les Bulgares avaient perdu leur indépendance politique et culturelle en 1393. Les Turcs avaient conquis leur pays et soumis leur Eglise nationale au Patriarcat de Constantinople. Tout le peuple fut d'un coup transformé en raïa et réduit à l'esclavage. Au cours du XV me et du XVI me siècle, les sultans colonisèrent les Balkans en y transférant des Turcs d'Asie-Mineure et ce fut principalement en Bulgarie orientale que ces colons furent installés. De nos jours encore il se trouve plus de 800.000 Turcs en Bulgarie.

Jusqu'à l'immigration de ce contingent considérable de Turcs, les Bulgares se maintenaient encore par leur supériorité numérique, mais ensuite ils commencèrent à disparaître de plus en plus de la vie publique. En outre, le Phanar, dans ses efforts pour maintenir les Grecs aux postes ecclésiastiques en Bulgarie, ne perdait aucune occasion d'inspirer, à la Porte la méfiance envers les Slaves, qu'il représentait comme peu sûrs pour exercer ces fonctions. La Porte se laissait persuader et quelques années après l'asservissement de la Bulgarie tout le clergé supérieur bulgare fut remplacé par des Grecs. Le Patriarcat avait obtenu des privilèges qui l'autorisaient à fonder des écoles et le besoin se faisant sentir de former un grand nombre de jeunes gens instruits, tant pour l'Eglise que pour l'administration qui se faisait de même en grec, des écoles grecques furent ouvertes partout dans les villes bulgares. Cet état de choses amena les populations urbaines à rejeter et la langue et tout ce qui était bulgare et à adopter la langue et les moeurs grecques. Cette défection alla si loin qu'avec le temps il ne resta plus que les bas paysans et les bergers pour parler le bulgare, tout le reste de la population dans les villes, ainsi que les paysans aisés, se servant du grec ou du turc. Même les petits bourgeois et les artisans éprouvaient une certaine honte à se dire Bulgares.

Cet état d'esprit se maintint en Bulgarie depuis la fin du XIVme siècle jusque vers 1830 et eut pour résultat d'étouffer complètement le sentiment national dans le peuple. Le professeur Drinoff, décrivant dans les «Perioditchesko Spisanié», tome IV, la vie des Bulgares sous le régime turc, dit qu'ils étaient subjugués, déprimés et désorganisés jusqu'au point de la plus profonde misère. Ils n'existaient plus comme nation, mot dont on avait perdu le souvenir, mais comme une horde, un groupe de gens composé d'ilotes inconscients...

Un pareil état de choses n'a jamais existé ni en Macédoine, ni dans aucune autre région serbe.

Le peuple bulgare fut exhorté à se ressaisir, d'abord par le moine de Hilendar, Païssié (1762) qui, à cet effet, écrivit son »Histoire du peuple bulgare», puis par le Ruthène Vénéline (1830) qui fit des tentatives pour tirer les Bulgares de leur apathie, pour les rappeler au sentiment national et pour leur faire entreprendre la lutte pour l'obtention des droits que d'autres peuples possédaient déjà dans l'empire ottoman. La voix du moine Paissié, de même que celle de Vénéline, ne furent entendues de personne en Bulgarie, mais Vénéline réussit à émouvoir les patriotes bulgares qui s'étaient réfugiés en Russie. Deux de ces derniers qui vivaient à Odessa, Apriloff et Palaoussoff, rentrèrent en Bulgarie et fondèrent la première école bulgare à Gabrovo 1833 (35). C'est cette école qui fut le foyer du relèvement du sentiment national bulgare et c'est de là que la Bulgarie actuelle tire son origine.

Par le traité de Koutchouk-Kaïnardji, de 1774, la Russie acquit le protectorat sur les populations orthodoxes de la Turquie d'Europe et par un autre traité, conclu entre Catherine II et Joseph II (traité d'amitié de 1781), la presqu'île balkanique fut partagée en sphères d'influence qui étaient délimitées par une ligne allant de Vidine, par la Strouma à la Mer Egée, ce qui faisait entrer les Bulgares dans la sphère russe, tandis que nous autres, Serbes, restions dans celle de l'Autriche.

La Russie officielle appuyait de toutes ses forces l'action de Vénéline pour le réveil du nationalisme bulgare qui devait favoriser ses intérêts. L'Autriche, par contre, ne pouvait pas soutenir les Serbes orthodoxes, car elle n'aurait pu le faire qu'au détriment des Serbes et des Croates catholiques, ainsi qu'au préjudice de ses propres intérêts, surtout depuis que les Serbes orthodoxes avaient fondé un Etat autonome. C'est pourquoi les Serbes étaient si souvent abandonnés au gré des événements (la paix de Svichtov de 1791, le paix de Iassy de 1792, la paix de Bucarest de 1812 et le désastre serbe de 1813).

Pendant leur servitude, les Bulgares n'entretenaient aucunes relations d'aucune sorte avec la Macédoine. Avant le relèvement de la Serbie, les Macédoniens émigraient ou allaient travailler en Autriche; après la libération de la Serbie ils vinrent y chercher asile et seul un petit nombre passait encore en Roumanie.[1]

La nature même des voies de communication incitait les Macédoniens à suivre la vallée du Vardar et celle de la Morava, de même qu'elle attirait les Bulgares au-delà du Danube, vers la Russie libre. En outre, l'état d'asservissement où se trouvait la Bulgarie ne pouvait tenter personne à y chercher fortune et ce ne pouvait surtout pas être le cas pour les Macédoniens qui sont beaucoup plus agiles et perspicaces que les Bulgares.

[1] On mentionne une migration des Bulgares au XVIIIme siècle (1737) vers Vidine et le Timok. Ayant quitté la Bulgarie en nombre, les uns s'établirent aux alentours de Vidine, entre le Timok et le Danube (villages de Véliki et Mali Izvor, Stara Patnitsa, Goulémanovo, Psédertsi, Poleckovtsi, Sinagovtsi etc. — Localités sises entre Bélogradjik et Boïnitsa), d'autres passèrent le Danube et s'établirent dans le Banat. A l'époque actuelle, ils y forment une colonie d'environ 11.000 (10.988) habitants, dont 6899 dans le département de Torontal, — où leurs plus grandes concentrations se trouvent à Vieille—Béchénévo, avec 3361 habitants et à Ivanovo, avec 763 habitants; dans le département de Tamich, ils sont principalement concentrés à Vinga.

Le mouvement cultuel qui commença vers la moitié du XIXme siècle et qui avait pour but l'introduction de la liturgie slave, avait été provoqué par les écrits de Vénéline et d'autres et s'était étendu sur la Bulgarie, la Macédoine et la Vieille-Serbie. Les Slaves étaient excédés à la suite des agissements des métropolites et du clergé grecs et c'est pourquoi ils se joignirent en masse à ce mouvement et commencèrent à envoyer des députations à Constantinople et des pétitions au sultan et au patriarche pour demander l'introduction de la liturgie slave et la nomination de prêtres autochtones: Le centre de ce mouvement se trouvait à Velès. La propagande était active et très agressive. L'unité d'action parmi toutes les populations qui se trouvaient sous la Turquie ayant été reconnue comme nécessaire, les militants et les agents maintenaient constamment la liaison entre la Macédoine et la Bulgarie. Ce trafic dura pendant dix ans et c'est ainsi que les Bulgares entrèrent de nouveau en relations avec la Macédoine.[1]

[1] *Les Macédoniens en Bulgarie.* — Vers 1870, les Macédoniens commencèrent à se rendre en Bulgarie, d'abord pour s'y livrer aux travaux agricoles pendant la saison et plus tard pour y rester de façon permanente. Cet exode se développa peu à peu et prit des proportions considérables principalement après la paix de San Stefano (1878). Les imigrations en Serbie diminuèrent d'autant. Obtenir un passeport pour la Serbie, Etat indépendant, était beaucoup plus difficile pour les Macédoniens que de se procurer une autorisation pour se rendre en Bulgarie, pays vassal de la Turquie. Un passeport pour la Serbie exigeait des démarches auprès de la Porte, devait être valable au moins pour six mois et coûtait cinquante piastres en or, tandis que pour se rendre en Bulgarie il suffisait d'un permis de circulation d'un vilaïet à un autre, qui ne coûtait que dix piastres et pouvait être délivré par les autorités locales. En outre, les Turcs étaient tolérants vis-à-vis de ceux qui se rendaient dans un pays qui leur était soumis, tandis qu'ils se montraient très méfiants vis-à-vis de ceux qui voulaient aller en Serbie, par conséquent à l'étranger.

Les Bulgares faisaient un bon accueil aux arrivants de Macédoine et de Vieille-Serbie. Ils cherchaient à leur faciliter la vie et acceptaient dans leurs écoles tous ceux qui étaient tant soit peu aptes à en suivre les cours. Les Macédoniens, très habiles et très entreprenants, se distinguèrent bien vite en Bulgarie, tant dans les métiers qu'à l'école, s'organisèrent et inaugu-

Unis dans l'idée de se libérer du clergé grec et d'obtenir la liturgie slave et, en outre, forts de l'appui de la Russie, protectrice des orthodoxes de Turquie, les artisans de ce mouvement donnèrent l'impression d'être arrivés à une unité nationale. Sofia étant devenue le centre de propagande en Bulgarie et sa population, de même que celle des environs, parlant le dialecte «chop» qui se rapproche du macédonien, les nombreux agents qui arrivaient de Macédoine y nouèrent des relations.

En 1870, après une propagande intense et après l'intervention de la Russie officielle, ainsi que par suite de la bienveillance de la Porte, l'institution de l'Eglise

rérent une politique propre, qu'ils taxaient de »bulgare» mais dont le but principal était de mettre toujours en relief la Macédoine et les Macédoniens. Leur action principale consistait à attirer le plus grand nombre possible de Macédoniens en Bulgarie pour les faire entrer dans les écoles. Leurs études terminées, une partie de ceux-ci retournaient en Macédoine où ils prenaient toutes les affaires en mains, tandis que d'autres restaient en Bulgarie où ils s'installaient aux postes influents, tant dans l'Etat que dans la société, et d'où ils soutenaient les nouveaux arrivants. L'existence même de cette organisation faisait que les Macédoniens étaient de tous temps, et même aujourd'hui, considérés en Bulgarie comme un élément étranger mais qu'on devait tolérer pour des raisons politiques. Les Bulgares voyaient très bien le préjudice que les Macédoniens portaient aux autochtones, mais ils étaient conscients des raisons supérieures qui dictaient la tolérance, dans l'espoir d'un profit national ultérieur, et c'est sous cette impression que se forma pour ainsi dire un culte, qu'on appela le »macédonisme» et dont les partisans furent nommés les «mecédonisants». Cependant, les Macédoniens ne purent jamais s'introdure en Bulgarie d'une façon naturelle et sans être diférenciés des autochtones, comme c'était le cas en Serbie, de même qu'il leur fut impossible de se mêler à la communauté et de partager son sort sans avoir quoi que ce soit à abdiquer ou à adopter.

Les Bulgares accueillaient les Macédoniens par calcul politique afin d'organiser un corps d'agents de propagande, mais les Macédoniens voyaient clair dans la situation et ne se laissaient pas donner le change. Très fins, ils surent exploiter leur position privilégiée; en peu de temps ils occupèrent les principaux postes dans l'Etat et devinrent, en fait, les dirigeants. Ce furent même eux qui dupèrent les Bulgares en se faisant plus nationalistes qu'eux-mêmes.

slave en Turquie fut réalisée sous la dénomination d'«*exarchat bulgare.*» Celui-ci avait à sa tête un exarque dont le siège était à Constantinople. Cet exarchat englobait tous les diocèses de Bulgarie (ceux de l'ancien patriarcat de Ternovo) sauf quelques-uns limitrophes de la mer Noire, celui de Nich avec les villes de Pirot et de Vranié, tandis qu'en Vieille-Serbie et en Macédoine il ne comprenait que le diocèse de Vélès. Après 1872, l'exarchat obtint des évêques à Skoplié, à Ochrid, et plus tard d'autres encore. La différence entre le patriarcat et l'exarchat se fit sentir immédiatement: le clergé grec, corrompu et pillard, ne cherchait pas cependant à imposer l'Hellénisme aux Slaves, tandis que les Bulgares, dans leur enthousiasme nationaliste et incités par les Russes, faisaient tout ce qu'ils pouvaient pour imposer au peuple, au moyen de l'exarchat, le bulgarisme et la nationalité bulgare. Dès l'institution de l'exarchat ils remplacèrent tous les prêtres par leurs gens et se mirent à inscrire dans les livres les partisans de l'exarchat comme Bulgares. Cette campagne de bulgarisation ouvrit les yeux aux populations de Vieille-Serbie et de Macédoine et l'on vit bientôt se manifester un mouvement contraire pour le maintien du Patriarcat.

De 1870 à 1880, les Bulgares concentrèrent tous leurs efforts à l'effet d'amener le plus grad nombre possible de Slaves à reconnaître l'exarchat. Ils étaient soutenus dans leurs agissements par la Russie, sa diplomatie et ses agents, ainsi que par les autorités turques. Le gouvernement serbe les soutint de même, au commencement, par l'intermédiaire de son représentant à Constantinople. Cependant, dès que les plaintes commencèrent à affluer de tous côtés de la Macédoine et de la Vieille-Serbie, la population invoquant qu'elle n'acceptait pas l'exarchat du point de vue national mais que tout en conservant sa nationalité serbe, elle tendait à obtenir des prêtres autochtones et la liturgie slave, le gouvernement serbe se vit obligé de donner des instructions à son représentant à Constantinople à l'effet de soutenir les intérêts des Serbes et de s'opposer à ce que les limites de l'exarchat fussent élargies à leur détriment.[1]

Dans sa tendance à agrandir sa sphère d'influence dans les Balkans, la Russie intervenait constamment auprès de la Porte en faveur de l'exarchat et travaillait à son agrandissement. C'est ainsi que fut instituée une commission, composée de Turcs, d'agents russes et d'exarchistes, qui devait établir le nombre des partisans de l'exarchat et de ceux du patriarcat. Cette commission travailla pendant quatre ans *et établit que les deux tiers de la population slave avaient exprimé le désir d'avoir la liturgie slave et qu'un tiers voulait rester sous le Patriarcat.*

En 1874, la population serbe des diocèses de Samokov, de Tchoustendil, de Melnik, de Serres, de Vélès, de Débar et d'Ochrid, adressa une requête au sultan et au patriarche de Constantinople, demandant la restauration du Patriarcat d'Ipek de façon que son autorité s'étendît aussi sur eux, car, y était-il dit, «nous sommes des Serbes et non des Bulgares.» En 1876 vint la guerre turco-serbe qui amena la suspension de toute action serbe en Macédoine.

Après la victoire russe sur les Turcs, l'ambassadeur russe à Constantinople, Ignatiev, et les négociateurs russes de San Stefano (1878), posèrent les frontières de la Bulgarie de San Stefano au préjudice de la Serbie et provoquèrent ainsi une discorde éternelle entre Serbes et Bulgares.

Le Congrès de Berlin aussura aux Bulgares leur Etat sans qu'ils eussent à verser de sang, ce qui les rendit orgueilleux et extrêmement prétentieux.

De 1880 à 1890 l'action des Bulgares en Macédoine et en Vieille-Serbie fut principalement celle de l'école et de la propagande écrite. Ils ouvraient le plus grand nombre possible d'écoles[2] mais, n'ayant pas même

[1] **Jean Ristitch: Les relations extérieures de la Serbie, tome III p. 296.**

[2] **Les Bulgares ont fondé leur première école à Skoplié, en 1863, puis à Bitol, en 1868, à Vélès en 1872, à Tétovo en 1876, à Kitchévo en 1877 etc,**

suffisamment d'instituteurs pour la Bulgarie, ils envoyaient en Macédoine et en Vieille-Serbie des citadins à peine lettrés, des cabaretiers, des tailleurs, ou des sortants adultes des écoles primaires avec une ou deux classes d'études. C'est pourquoi leurs écoles étaient très inférieures. Les appointements des instututeurs variaient, suivant le nombre des élèves, depuis huit livres turques (180 francs) jusqu'à 24 livres (540 francs) par an.

La langue littéraire bulgare était tout d'abord le dialecte bulgare *oriental*, qu'on parle à Ternovo et à Choumène, c'est-à-dire la véritable langue bulgare, que les Macédoniens n'arrivaient pas à comprendre. Les enfants l'apprenaient à l'école comme une langue étrangère, mot par mot, d'où un résultat piteux au point de vue de l'instruction. Au lycée de Skoplié et dans les autres écoles primaires supérieures ils avaient été obligés d'instituer des classes préparatoires, les élèves ne pouvant pas suivre les cours en bulgare. C'est pourquoi la véritable langue bulgare fut rejetée et remplacée par le dialecte «chop» qui est parlé dans les contrées entre la frontière serbe et Sofia.[1]

La nouvelle langue bulgare possède quatre cas grammaticaux: le nominatif, le datif, l'accusatif et le vocatif, tandis que l'ancienne n'en possédait aucun; un nombre considérable de mots purement bulgares disparurent; la prononciation des nasales resta indéterminée. Les Bulgares firent tout pour se rapprocher le plus possible de la langue macédonienne et durent finalement en tenir compte dans le choix des fonctionnaires.[2]

[1] Il sufitit de comparer les journaux bulgares de 1885 avec la langue dont ils se servent actuellement pour saisir cette différence.

[2] En automne 1898, Rizoff, agent comercial bulgare à Skoplié avait pour secrétaire le Dr. Spasseff, natif de Ternovo, qui s'entendait *très difficilement* avec la population de Skoplié, ce qui fit que Rizoff l'envoya à Berlin après trois mois de séjour.

En 1905 à Bitol, je rendis visite, pour les fêtes de Pâques, au professeur bulgare Gentchoff, qui était natif de Bitol même. Il avait occupé à Sofia le poste de bibliothécaire à la Bibliothèque Nationale et connaissait, par conséquent, parfaitement la langue littéraire bulgare. Tandis que je m'entretenais avec lui et sa mère, une dame âgée

A partir de 1893, les Serbes commencèrent à développer rapidement leur action en Macédoine, fondant des écoles partout où les autorités turques le permettaient et ces écoles s'étant révélées meilleures que celles des Bulgares, mieux organisées et dotées d'un personnel enseignant supérieur au leur, les exarchistes mêmes réclamèrent des écoles serbes.

Les Bulgares, craignant les succès des Serbes et, en général, toute leur activité, abandonnèrent l'action scolaire de même qu'ils avaient auparavant abandoné l'action religieuse et entreprirent d'appuyer leur propagande par le terrorisme.[1]

Les assassinats de notables Serbes se multiplièrent.[2]

de 60 à 65 ans, arriva chez eux M. Tocheff, alors agent politique bulgare à Bitol. La rencontre ne lui fut pas agréable, quoiqu'il échangeât des politesses avec moi. Je continuai à parler serbe avec Gentchoff et sa mère qui me répondaient dans le dialecte de Bitol et la conversation se poursuivait sans effort de part ni d'autre. M. Tocheff, s'entretenant en bulgare avec Gentchoff adresa la parole à sa mère qui ne comprit rien, de façon que son fils dût lui traduire les paroles de Tocheff. Je fis remarquer à ce dernier que je n'avais pas besoin d'interprète pour parler avec les gens de Bitol, tandis qu'il était obligé de se faire traduire. Il me répondit en riant sèchement: «Oui, mais vous, vous parlez le macédonien avec eux».

[1] C'est de cette époque que date la lettre ouverte de Rizoff dans laquelle il déclare au ministre Grekoff que l'action scolaire et ecclésiastique des Bulgares en Macédoine pouvait être considérée comme terminée et que d'autres moyens de propagande s'imposaient (voir la lettre p. 41).

[2] Parmi ces derniers les Bulgares assassinèrent: Pierre Tachévitch, président de la commune de Bachino Sélo; Georges Patriota, de Gevgeli; l'abbé Tachko de Koumanovo; le pope Totcha Minovitch de Kojelj; le pope Marko, de Kotchané; l'instituteur Nécha de Tchoutchère etc.... A l'époque où Rizoff était agent à Skoplié, les Bulgares ont commis les attentats suivants.

Le 3 novembre 1898 un exarchiste, Veilko Mandarcheff, frappa d'un coup de poignard un instituteur serbe, Ievdja Fortouitch, devant l'hôtel de l'Europe. Le poignard fut photographié; il portait l'inscription: «Mort aux ennemis».

Le 17 janvier 1899, les élèves de tous les lycées bulgares de Skoplié, au nombre d'environ 210, attaquèrent nos élèves de l'école primaire supérieure et il y eut 17 blessés des deux côtés. Quelques-uns de ces derniers durent rester en prison pendant plusieurs mois.

Jusqu'en 1902, les terroristes bulgares se livrèrent à des assassinats de particuliers mais à partir de cette époque ils commencèrent à attaquer les villages serbes par bandes armées, à les piller et à les rançonner pour les obliger à se ranger du côté de l'exarchat, c'est à dire à se reconnaître Bulgares.[1]

Ce terrorisme dura jusqu'à la révolution turque et c'est ce qu'on appelle «la propagande pour le bulgarisme.»

LES ÉTUDES SUR LA MACÉDOINE ET SUR LA VIELLE-SERBIE.

Nous avons déjà dit que l'exploration de la Macédoine était, au XIXme siècle, très difficile, voire impossible. La situation politique, l'insécurité personnelle et la défiance des autorités turques envers les étrangers empêchaient tout travail sérieux.

D'après les registres officiels turcs, on ne connaissait, en Turquie, jusqu'à 1870, que deux groupes nationaux: le «musulman-milet», qui désignait les Turcs et le «ouroum-milet», qui désignait les Grecs. Cependant, il ne s'agissait pas là d'une distinction de nationalités mais d'une distinction de religions. Toute la population était divisée en réalité, en musulmans et en patriarchistes, ou plutôt en chrétiens orthodoxes. Ces derniers

Le semedi des Rameaux de la même année, à 5 heures de l'après-midi, Thomas Iovanovitch, l'un des plus grands commerçants de Skoplié et président de la communauté serbe de cette ville, fut tué d'un coup de couteau par un vagabond exarchiste, Alexandre Katlanovitch, qui était l'exécuteur des meurtres ordonnés par le comité terroriste bulgare.

[1] Le chef du rayon de Skoplié, un ivrogne et un débauché du nom de Bodeff, terrorisait, au printemps 1904, nos villages de cette contrée. Tous les soirs il commençait sa ronde d'un village à l'autre, attaquant les propriétaires et les mettant à prix. Ce chantage prit des proportions telles que les nôtres durent organiser des compagnies de défense. Tous les Serbes et les Bulgares clairvoyants éprouvaient de la compassion pour la pauvre population en voyant la façon dont s'entr'égorgeaient deux peuples qui, en somme, auraient dû être des peuples frères. Tandis que nous nous exterminions mutuellement, les Turcs ricanaient et disaient: «cochon blanc, cochon noir, c'est tout un; laissons les se tuer».

étaient eux-mêmes divisés en deux groupes: en «tchorbadjis» ou citadins, et en «vulgaros» vulgaires, paysans. Ce sont surtout les citadins qui faisaient ressortir cette différence dans les conversations avec les étrangers, dans le but de présenter les paysans comme une classe inférieure à la leur. C'est ce qui fit que cette dénomination de «vulgaros» s'étendit sur tous les Slaves et dégénéra ensuite en «bulgaros» — Bulgares.

Les explorateurs, sauf un petit nombre, ne connaissaient ni les populations, ni leur langue, ni leur histoire. Ils prenaient pour interprètes des Grecs et des Tsintsars qui seuls connaissaient les langues étrangères. Leur escorte se composait de Turcs et d'Albanais qui étaient d'ordinaire désignés par les autorités. Pendant de nombreuses années les interprètes furent toujours les mêmes, d'où des observations quasi identiques chez tous les explorateurs.

Après 1880, les explorateurs furent influencés par les agents des différentes propagandes: bulgare, serbe, autrichienne, roumaine, grecque et autres. Les voyageurs entraient d'ordinaire en Turquie par Skoplié ou par Salonique. Ils tombaient immédiatement dans les filets des divers agents qui ne les quittaient plus jusqu'à leur départ. Si, à Skoplié, un journaliste étranger ou un explorateur rendait d'abord visite au consul autrichien, il était certain qu'il écrirait en faveur des Bulgares, les consuls autrichiens et les agents diplomatiques bulgares agissant de concert. Ceux qui débutaient chez l'agent bulgare, étaient immédiatement remis à Georges Mladenoff, secrétaire du métropoliteSinessié, qui emmenait les étrangers dans son village de Lioubantsé (région montagneuse de Skoplié-Karadag)pour leur faire voir sur place le «peuple bulgare». S'ils avaient quelques notions de la langue, il les laissait s'entretenir avec les «paysans» que représentaient des instituteurs bulgares travestis, et les étrangers, naturellement, s'étonnaient que ces villageois parlassent si bien le bulgare.[1])

[1] En 1900, au moment où les professeurs russes faisaient un voyage d'exploration en Macédoine avec Kondakov, ils rencon-

Les Koutso-Valaques ont agi de même avec M. Weigand en lui faisant visiter leurs colonies dans la région de Bitol, où il trouva le double du nombre effectif des Koutso-Valaques. Le dit auteur indique dans son livre «Die Arumunen» que les villages de Trnovo et de Magarévo sont habités exclusivement par des Koutso-Valaques. J'ai visité personnellement ces villages en 1905 et j'ai compté 73 familles d'Albanais orthodoxes qui, même actuellement, parlent l'albanais chez eux et le tsintsar au dehors. Ils sont originaires de Bela Voda, village au sud-ouest de Goritsa, et sont arrivés à Trnovo et à Magarévo avant les Farcherotes et les Semariotes qui les submergèrent ensuite par leur nombre et leur culture.

Ceux qui, par contre, étaient chargés de défendre la cause serbe en Macédoine et en Vieille-Serbie, n'ont jamais eu besoin de se servir de supercheries pareilles, la situation réelle étant telle, qu'elle pouvait mieux servir cette cause que les tours les plus habiles.

Les autorités turques, de leur côté, cherchaient à empêcher que la vérité fût connue en ce qui concerne les peuples de l'empire. L'équivoque profitait au régime et elles mettaient tout en oeuvre pour que les étrangers ne pusent entrer directement en contact avec les populations.[1])

trèrent, sur la route de Radovichté à Stip, deux paysans qui conduisaient trois ânes chargés de bois. M. Lavrov entama la conversation avec eux et fut surpris de les voir parler parfaitement le bulgare. Il leur demanda d'où ils étaient et ils répondirent qu'ils étaient originaires du village voisin. Cela provoqua la curiosité de M. Lavrov, et, s'enquérant sur ces gens à Stip, il apprit le même jour que c'étaient des instituteurs bulgares qui, informés de l'arrivée des professeurs russes, s'étaient habillés en paysans et avaient arrangé, à leur intention, la scène sur la route.

[1] Les autorités se servaient en cela de différents moyens: ou bien elles refusaient le laissez-passer, ou bien, l'ayant accordé, elles faisaient répandre le bruit d'une révolte ou d'un guet-apens, ce qui leur fournissait un prétexte pour revenir sur leur décision. Dans certains cas, elles imposaient aux voyageurs une escorte tellement nombreuse qu'ils se trouvaient dans l'impossibilité de parler avec qui que ce soit et il arrivait aussi que,

La situation dans le pays était telle qu'à chaque pas on pouvait être assassiné.

Les Turcs n'hésitaient devant aucun moyen dans leur action. Ils firent assassiner des consuls à Salonique, de même que le consul serbe de Prichtina, Marinkovitch, et les consuls russes, Chtcherbina à Mitrovitsa, et Rostovski à Bitol. L'agent commercial serbe à Skoplié, Yotsa Yovanovitch, fut tué, en plein jour, et tous ces crimes furent mis sur le compte du fanatisme des Turcs et des Albanais.

C'est pour ces raisons que les explorateurs de la Turquie n'ont pu rassembler que des données sur la géographie du pays, sur sa géologie, sa morphologie, son architecture et son archéologie. *Quant au peuple, à sa vie et à ses qualités ethniques, ils n'ont pu apprendre rien de positif, n'ayant pas pu se mêler aux masses populaires malgré tout leur amour de la science et de la vérité.* Ce n'est qu'indirectement et non pas par des constatations directes qu'ils ont pu se renseigner sur ce sujet complexe.[1])

La Turquie elle-même ayant été toujour d'une façon à l'ordre du jour pour subir de réformes ou même dépècement, chaque étranger considérait comme un devoir de ne pas se borner à un travail scientifique mais de s'occuper aussi et de la situation politique de l'empire ottoman, ce qui a fait que presque

malgré toutes les autorisations et tous les laissez-passer, la police expulsât tout simplement le voyageur qui lui paraissaient suspect (M. Cviitch, que j'accompagnai en 1900 dans ses voyages d'exploration en Macédoine et en Vieille-Serbie fut expulsé de Prisrène, la nuit du 11 septembre, quoique nous eussions été munis de l'autorisation impériale). Personnellement, je connaissais très bien les autorités turques et ce n'est que parce que je ne me suis jamais soucié de leur demander une autorisation que j'ai pu circuler par toute la Macédoine et la Vieille-Serbie, me faisant accompagner uniquement par l'un des deux *gavazes* de l'école.

[1] Le Dr. Miller fait exception, ayant passé plusieurs années en Turquie, en qualité de fonctionnaire turc, et ayant appris les langues du pays. Il en est de même du consul russe Yastrebov qui est resté très longtemps en Turquie.

toute la littérature concernant la Macédoine et la Vieille-Serbie intéresse plutôt le côté politique que le côté scientifique de la question.[1])

Des renseignements sûrs auraient pu être fournis par les professeurs serbes et bulgares de Vieille-Serbie et de Macédoine, mais ceux-ci ne firent rien qui vaille, d'abord parce que pendant longtemps, principalement chez les Bulgares, ce furent des gens d'une compétence insuffisante, ensuite parce que les Bulgares ont toujours fait preuve d'un chauvinisme tellement fanatique que tout ce qu'ils ont écrit n'a été qu'une altération de la vérité.[2]) Quant aux professeurs serbes, ils n'ont presque rien écrit, les autorités turques ayant toujours surveillé étroitement leurs faits et gestes.

Les auteurs bulgares sont très intéressants dans leurs écrits sur la Macédoine. Leur point de départ, à tous, est le suivant: *Les Slaves Macédoniens sont Bulgares; la Macédoine est un pays bulgare; on n'y trouve point de Serbes et il n'y en a jamais eu.* C'est ainsi que l'instituteur inaugure son cours, que l'étudiant bulgare aborde sa thèse de doctorat, et c'est aussi l'entrée en matière de tous les écrivains, journalistes ou professeurs d'Université qui entreprennent de traiter la question macédonienne. En l'absence de preuves scientifiques ou d'arguments valables, les Bulgares cherchent à faire valoir leurs prétentions sur la Macédoine en faisant beaucoup de bruit et en publiant sans compter de gros

[1] Il faut faire exception des travaux du Dr. Cviitch et de quelques autres auteurs.

[2] A titre d'exemple, je citerai «La Macédoine» du Bulgare Brankoff, livre paru en français, en 1905 (Libraire Plon, Paris, p. 144) et où il est dit que la casbah de Zibevtché et la localité de ce nom sont habités par des *Bulgares grécisants.* C'est une petite ville qui se trouve sur la frontière turco-serbe, à 45 minutes de Vranié et toute la région est habitée par des Serbes qui n'ont jemais voulu admettre l'exarchat. Le Bulgare Brankoff, ne voulant pas constater que ce sont là des Serbes, les appelle des *Bulgares grécisants.*

En ce qui concerne Rizoff, il publie, dans son Atlas «Bulgares» une carte de la Bulgarie en 1355, donc à l'époque du tsar Douchan. Cette carte n'en fait pas moins entrer toute la Macédoine et la Vieille-Serbie méridionale dans l'Etat bulgare

livres sans teneur aucune. De même que tous les journaux bulgares et certains journaux de leurs alliés sont remplis aujourd'hui d'articles et d'écrits complètement vides de sens mais qui voudraient démontrer que les vallées de la Morava et du Timok, ainsi que la région de Prokouplié, sont des contrées bulgares, de même toute la propagande bulgare en ce qui concerne la Macédoine n'a été qu'un tissu de mensonges.

S'il se trouvait, en Macédoine, des monuments bulgares dans la proportion d'un centième des monuments serbes qui y existent de nos jours, les Bulgares, avec l'audace qui les caractérise, ne nous permettraient pas même de parler de nos prétentions sur ce pays. Et si l'affinité de race des Slaves Macédoniens avec les Bulgares égalait la dixième part des qualités ethniques qui les lient à nous, les Bulgares nous contesteraient depuis longtemps tout droit de nous dire les frères de race des Macédoniens.

LA POPULATION MACÉDONIENNE JUSQU'EN 1912 ET SA CONSCIENCE NATIONALE.

La population de la Macédoine et de la Vieille-Serbie méridionale est composée de Slaves, de Grecs, de Turcs osmanlis, et elle est en outre parsemée de colons Koutso-Valaques et albanais. Les statistiques qu'on a publiées sur l'état numérique des différents vilaïets de la Turquie d'Europe étaient absolument fausses parce qu'il n'a jamais été possible de faire un recensement exact, les musulmans se dissimulant aux investigations pour éviter le service militaire, les chrétiens faisant de même pour se soustraire aux impôts et personne ne s'étant jamais soucié d'établir le nombre des femmes qui a toujours été évalué arbitrairement.

Les Turcs avaient institué le fameux «salnamé» qui était une sorte d'almanach du recensement des différents vilaïets. Il fut un temps où ce salnamé était publié tous les cinq ans; on y renonça plus tard et il fut complètement supprimé.

Il existe encore une statistique grecque et deux bulgares: celle de Kantchoff de 1898, en bulgare, et celle de Brankoff de 1905, en français; il en est une aussi du consul russe à Bitol, Rokstovski, en russe.

Le seul bon côté des statistiques bulgares, principalement de celle de Kantchoff, est que toutes les agglomérations des populations slaves en Macédoine et en Vieille-Serbie y sont exactement indiquées.[1]

Dans la statistique de Brankoff, de 1905, la population de ces contrées est décomposée de la façon suivante:

Slaves	1,172.136	habitants
Musulmans	840.433	»
Grecs	190.047	»
Koutso-Valaques . . .	63.895	»
Albanais chrétiens . .	12.006	»
Total .	2.278.517	habitants

Le nombre des Grecs y est augmenté de celui des Slaves grécisés et celui des musulmans comprend les Slaves convertis à l'Islam (les Pomaques, les Torbèches et les Kourks).

Les Slaves se divisaient en:

Exarchistes	897.160	habitants[2]
Patriarchistes	269.641	»
Uniates	2.432	»
Protestants	2.388	»

Le nombre des exarchistes est augmenté au détriment des patriarchistes, tandis que les statistiques grecques pèchent dans le sens inverse.

Jusqu'à l'institution de l'exarchat (1870), lorsqu'on posait directement aux Slaves Macédoniens la question: «qu'êtes-vous?» ils répondaient toujours: «nous sommes

[1] Kantchoff entend sous la dénomination de Macédoine et de Vieille-Serbie, les régions entre les anciennes frontières serbes, la Bulgarie, la rivière Mesta, la mer Egée, la rivière Bistritsa, le lac d'Ochrid, la Char-planina et le Karadag.

[2] Brancoff: La Macédoine; Paris, 1905, p. 17.

des chrétiens». Ils n'osaient se dire Serbes ou autre chose. Les interprètes, par contre répondaient invariablement: «ce sont des «vulgaros» (paysans). Après l'institution de l'exarchat, les Bulgares commencèrent à propager leur nom, ce qui, par antagonisme, fit renaître dans le peuple le nom de Serbe. Les Bulgares s'efforçaient de rattacher le bulgarisme à l'exarchat et de faire passer pour Bulgares tous les Slaves qui y avaient adhéré. Les éléments clairvoyants, cependant, ne s'y laissèrent pas prendre, ne voulant pas mêler la question de la nationalité à la revendication de la messe slave et à leur animosité contre le clergé grec. C'est pourquoi, malgré toute la propagande des agents bulgares et l'appui des autorités turques ainsi que de la Russie et de ses agents, un tiers de la population slave resta sous le Patriarcat, ne voulant pas s'exposer à être confondu avec les Bulgares.

Après 1890, outre la propagande bulgare, on vit se développer les propagandes: serbe, grecque, roumaine et autrichienne. Les agents exploitaient les sentiments religieux de la population et cherchaient à faire accepter aux partisans de chaque Eglise la nationalité correspondante. Chaque propagande, sauf l'autrichienne, entretenait aussi des écoles et s'employait à y attirer le plus grand nombre possible d'enfants, en prenant à charge les frais de leur éducation, et sans égard pour la religion de leurs parents. Ces écoles ne servaient que les buts de la propagande, il y en avait partout et elles n'étaient généralement pas d'une grande valeur. En 1904/5 il y avait à Bitol huit écoles des différentes propagandes; cinq lycées, dont un turc, un bulgare, un grec, un roumain et un serbe; trois écoles civiles: celle des Lazaristes français, l'école israélite et l'école de la mission protestante américaine. De nombreux enfants avaient suivi les cours dans trois ou quatre de ces écoles, changeant de nationalité à chaque changement d'école. Les cas n'étaient pas rares où les enfants d'une même famille suivaient les cours l'un à l'école serbe, l'autre à l'école bulgare, un troisième à l'école grecque. Leurs études terminées, chacun devenait partisan de la nationalité à laquelle il devait son éducation.[1]

A la suite de cette propagande, la conscience nationale purement serbe qui était latente chez les Slaves Macédoniens et qui les distinguait nettement des conquérents turcs et de leurs acolytes, les Grecs, fut ébranlée et on réussit à amener la confusion dans les esprits. Cela pourrait faire apparaître cette conscience nationale comme faible, mais il faut se souvenir que ce peuple avait été dominé par les Turcs pendant six cents ans et que tout ce qui devait lui rappeler sa nationalité avait été détruit. De plus, autant la nationalité serbe avait été combattue jusqu'à l'exarchat, autant les autorités turques s'acharnèrent ensuite à diviser la population et à la classer en nationalité serbe, bulgare et grecque.

L'art. 10 de l'organisation de l'exarchat autorisait le passage de la juridiction du patriarcat à celle de l'exarchat et réciproquement. On vit alors non seulement des particuliers mais des localités entières passer à plusieurs reprises d'un «parti» à l'autre, revenir au premier ou passer à un troisième.

La confusion augmenta par suite de l'intrusion, parmi les Slaves, d'un certain nombre d'Albanais orthodoxes et de Koutso-Valaques. A Vélès, outre les Slaves, les Koutso-Valaques adoptèrent l'exarchat et devinrent Bulgares. A Bitol et dans les environs les Koutso-Valaques et les Albanais orthodoxes restèrent fidèles au Patriarcat et se proclamèrent Grecs. La règle devint que chacun fût considéré comme appartenant à la nationalité dont il avait adopté l'Eglise.[2] Les autorités turques, dont cette division était l'oeuvre, reconnaissaient ce système de spéculation sur les nationalités et le faisaient connaître aux étrangers et aux explorateurs de la Turquie. La

[1] Un de nos professeurs de lycée, natif de Vodéna, a un frère, médecin, qui se dit Grec, tandis que ses proches parents se disent Bulgares.

[2] En 1905, à Bitol, les trois frères Talevtchigné, Etienne, Nicolas et Dimitri, de bons commerçants, appartenaient à trois nationalités différentes, bulgare, roumaine et grecque.

population elle-même qui, au début, avait été indifférente vis-à-vis de ces mouvements fut finalement entraînée dans la lutte nationale et chacun finit par montrer de l'intérêt à la nationalité qu'on lui supposait.

Cependant, les gens ne se prêtaient qu'inconsciemment et sous l'influence des divers agents à ces transferts d'une Eglise ou d'un «parti» (c'est ainsi qu'on appelait les propagandes bulgare, serbe et grecque) à l'autre. Pendant six cents ans, ils n'avaient pas eu le droit de parler de leur nationalité et tout à coup ils se voyaient autorisés à choisir entre trois nationalités différentes. C'était là quelque chose de nouveau et d'étonnant. Dans la confusion générale, cette notion de nationalité devint variable et sujette aux dispositions du moment; ayant à choisir, on cherchait mieux, on changeait son «opinion» nationale, parfois de bon gré, souvent sous les menaces des comitadjis.

La lutte de propagande entre Bulgares et Serbes en Macédoine et en Vieille-Serbie ne fut pas une lutte nationale mais, *grâce aux agents corrompus, une lutte de partis politiques qui a démoralisé la population slave de ces pays,* jusque là honnête et consciencieuse. Les vieillards avaient honte de ce trafic et craignaient le châtiment de Dieu. Mladène Raïoff, le père du secrétaire du métropolite bulgare de Skoplié, ne tarissait pas de maudire son fils Georges pour avoir attiré sur lui la haine de toute la contrée.

Pour un spécialiste et pour ceux qui connaissaient tant soit peu la Macédoine et la Vieille-Serbie, ces changements de nationalité ne signifiaient absolument rien. Il est impossible pour un ethnographe d'adopter la division des nationalités suivant les religions. Les principes ethnographiques doivent intervenir dans la question en généralisant et en laissant de côté les différences de tribus pour ne tenir compte que de l'unité. C'est pourquoi les Slaves Macédoniens ne peuvent être considérés *que comme une unité ethnique dans laquelle sont venus se fondre certains éléments étrangers.* En aucun cas on ne saurait admettre que trois frères puissent appartenir à trois nationalités différentes. Le cas des frères Hadjievski, à Galitschnik, dont l'un est instituteur serbe, l'autre instituteur bulgare, ne peut convaincre un observateur impartial. Ou ils sont tous deux Serbes, ou ils sont Bulgares: une troisième solution est impossible. Il ne reste pour trancher la question, qu'à préciser le milieu ethnique dont ils sont sortis.

Actuellement encore, l'explorateur objectif observera chez les Slaves Macédoniens *des coutumes purement serbes* (la slava, etc.) *le respect de l'histoire et des traditions serbes; il verra que leurs moeurs ne diffèrent en rien de celles des paysans de Serbie ou de Kossovo et chez les Miaks il pourra observer une organisation de tribu identique à celles qu'on voit en Herzégovine.*

Le philologue, par contre, distinguera trois dialectes, à savoir:

I. *Le dialecte macédono-serbe pur*, avec des dialectes secondaires dans certaines parties de la population (principalement chez les femmes). Ce dialecte est parlé dans les contrées éloignées des grandes villes où les écoles des propagandes n'ont pas fonctionné et qui n'ont pas subi l'influence des agents.[1]

II. *Le dialecte macédonien formé par l'influence des Bulgares* et qui est parlé dans les régions où l'école et la propagande bulgares ont fortement agi. C'est le langage des exarchistes des villes et des paysans exarchistes qui ont suivi les cours dans les écoles bulgares.

III. *Le dialecte macédonien sensiblement complété par la langue littéraire serbe* et qui est parlé dans les régions où l'école serbe a exercé son influence.

Tout philologue et ethnographe qui veut étudier la Macédoine, doit tenir compte de ces faits, sans quoi il pourrait facilement s'écarter de la vérité.

Au point de *vue ethnique* les Slaves Macédoniens sont des Serbes. Une partie d'entre eux qui avaient subi l'influence de la propagande bulgare par l'église, l'école, le livre et la bombe, se disaient inconsciemment Bul-

[1] On peut compter aussi dans ce dialecte le langage des Slaves convertis au mahométisme,—les Torbechs et les Kourks,—langage qui contient une certaine quantité de mots turcs et albanais.

gares avant leur libération, mais cela disparut après la réunion de la Macédoine à la Serbie. Pour qu'une famille de Macédoine ou des régions bulgares confinant à la Serbie (régions où l'on parle le «chop» qui n'est rien d'autre qu'un serbe arriéré), devienne tant soit peu bulgare, il faut compter avec la disparition d'au moins une, deux ou trois générations, sans qu'elle puisse, toutefois, devenir bulgare au degré où elle serait devenue serbe en 10 ou 15 ans. La meilleure preuve en est fournie par les Serbes de la région de Vranié, de Tern, d'Izvor et de Tchoustendil, qui ont accepté l'exarchat en 1870, par quoi ils seraient devenus Bulgares selon l'interprétation de Rizoff, et qui néanmoins s'employèrent de toutes leurs forces au moment du Congrès de Berlin pour être incorporés dans le royaume de Serbie. Leurs voeux ne furent réalisés qu'en ce qui concerne la région de Vranié qui par la suite affirma son sentiment national serbe en donnant à la Serbie son meilleur régiment, le Ier, et sa mailleure division, celle de la Morava. Par contre, les populations des régions de Tern et d'Izvor qui étaient de qualité ethnique identique et qui furent abandonnées à la Bulgarie, ne sont pas devenues bulgares malgré tous les efforts de la propagande et des écoles du gouvernement de Sofia. Elles sont restées fidèles aux traditions serbes au même degré qu'ellles l'étaient au moment où, en 1878, elles adressaient des requêtes au prince Milan à l'effet d'entrer dans l'Etat serbe.

* * *

Des articles qui précèdent nous croyons pouvoir tirer les conclusions suivantes:

1. Que les Slaves Macédoniens sont les descendants de ces Slaves qui, au VIme et au VIIme siècle, ont immigré dans la presqu'île balkanique, et dont descendent aussi les Serbes, les Croates et les Slovènes.

2. Que les Bulgares contemporains sont le produit de la fusion des Slaves, des Bulgares, des Pétchégnègues, des Koumans es des Tatares.

3. Que les Bulgares contemporains se rapprochent des Slaves Macédoniens, au point de vue de la race, par l'assimilation des populations slaves dont ils furent les vainqueurs, à un degré égal au rapprochement des Roumains (les anciens Daciens) avec les peuples romans, par exemple avec les Français, et par suite de l'assimilation des colons latins.

4. Que les Slaves Macédoniens contemporains sont, plus directement, les descendants des Slaves qui ont formé la Serbie des Némanitch dont la Macédoine était l'un des centres de l'Etat.

5. *Que les Slaves Macédoniens forment avec les Serbes une unité ethnique.*

6. *Que toutes les créations slaves, tant intellectuelles que matérielles, qui ont été conservées en Macédoine portent un caractère serbe.*

7. Que les Turcs ont pris la Macédoine aux Serbes et que ceux-ci l'ont libérée 641 ans plus tard. (1371-1912).

8. Que les Turcs, par suite de la longue durée de leur règne autocratique en Macédoine ont exercé sur les Slaves Macédoniens au point de vue ethnique, une influence qui fait que ceux-ci s'écartent quelque peu des Serbes qui ont vécu librement ou qui ont été, d'une façon permanente, en contact avec les peuples civilisés de l'Occident.

9. Qu'on a imposé le bulgarisme aux Slaves Macédoniens au moyen de l'exarchat et des écoles bulgares et que par suite de ce fait une partie des Slaves de Macédoine et de Vieille-Serbie penchaient vers les Bulgares jusqu'à leur libération en 1912.

10. Qu'un Slave Macédonien pourrait, d'après la théorie Fischer-Cviitch-Wendel, devenir, avec le temps, un médiocre Bulgare en vivant dans un milieu bulgare, mais que pendant le même laps de temps il deviendrait un excellent Serbe en vivant dans un milieu serbe.

APPENDICE

Pour la rédaction des présents articles je me suis servi des ouvrages suivants:

K. Jiretchek: Geschichte der Bulgaren.

» Geschichte der Serben.

» Staat und Gesellschaft im mittelälterlichen Serbien.

Dr. Cviitch: Les problèmes anthropo-géographiques de la presqu'île des Balkans.

B. Prokitch: Les origines d'un empire slave.

St. Novakovitch: Les Serbes et les Turcs au XIVme siècle.

Yastrébov: Les moeurs et les poèmes des Serbes de Turquie.

S. Grouitch: Les origines de l'exarchat bulgare.

En outre, certains volumes de «Glasnik» de la Société des sciences et de «Glas» de l'Académie des sciences serbe.

Les données historiques ont été puisées principalement dans l'oeuvre de Jiretchek et celles sur l'archevêché d'Ochrid dans les ouvrages de Gelzer. Je n'y ai cependant pas trouvé tout le matériel utile pour une publication de ce genre qui est actuellement non seulement intéressante mais aussi nécessaire. Je regrette surtout que les circonstances présentes m'aient privé d'un matériel rassemblé sur place au cours d'une période de dix ans, et qui devait montrer toutes les lacunes et toutes les inconséquences des différentes publications sur la Macédoine et principalement des travaux des auteurs bulgares.

Toute l'action des Bulgares en Macédoine et en Vieille-Serbie n'a été qu'un long *bluff*. Ils s'entendent admirablement dans la réclame et c'est ce qui les distingue des autres Slaves. Audacieux, fats et obséquieux, ils possèdent l'art de bâtir des châteaux avec des bulles de savon. Pendant la guerre balkanique, ils ont fait de la réclame même avec le fameux lait caillé qui est un produit purement oriental et qu'ils vendaient à Berlin dans des pots ornés de drapeaux bulgares et portant l'inscription: «véritable iogourt bulgare» (echt bulgarische jogurt). A Paris, on se vend des porcelaines et des faïences avec des ornements «brodaries bulgares» qu' ils appelaient «broderies bulgares» et qui n'étaient que des reproductions de travaux faits en Macédoine et en Vieille-Serbie.

Je n'ai jamais eu l'intention de traiter ces questions aussi âprement, mais les articles de Rizoff et toutes les fausses allégations qu'ils contiennent devaient piquer au vif un exilé. Il est vrai qu'il m'est plus facile qu'à Rizoff d'écrire sensément sur la Macédoine et les Macédoniens, n'étant pas moi-même un renégat mais un homme qui est allé servir dans ce pays par amour pour un peuple opprimé. Je n'y ai jamais fait de différence entre exarchistes et patriarchistes qui m'étaient également chers et auxquels j'ai toujours recommandé l'estime mutuelle et la concorde.

TABLE DES MATIÈRES

ERRATA:

Page 10, ligne 2.— Au lieu de deponse, lire: réponse.
» 18, » 30.— » » » Diederlé, » Niederlé.
» 63, » 16.— » » » rappoché » rapproché.

De plus, quelques petites erreurs typographiques que le lecteur voudra bien corriger lui — même.

www.ingramcontent.com/pod-product-compliance
Ingram Content Group UK Ltd.
Pitfield, Milton Keynes, MK11 3LW, UK
UKHW021106220726
13924UKWH00004B/1543